THE EDUCATION OF A VALUE INVESTOR

与巴菲特共进午餐时，

我顿悟到的5个真理

探寻财富、智慧与价值投资的转变之旅

[美]盖伊·斯皮尔 Guy Spier 著

MY TRANSFORMATIVE QUEST FOR WEALTH,
WISDOM, AND ENLIGHTENMENT

中国青年出版社
CHINA YOUTH PRESS

图书在版编目（CIP）数据

与巴菲特共进午餐时，我顿悟到的5个真理：探寻财富、智慧与价值投资的转变之旅 /
（美）斯皮尔著；张尧然，杨颖玥译.
—北京：中国青年出版社，2015.5
书名原文：The education of a value investor: my transformative quest for wealth, wisdom,
and enlightenment
ISBN 978-7-5153-3151-5

Ⅰ.①与… Ⅱ.①斯…②张…③杨… Ⅲ.①股票投资—通俗读物 Ⅳ.①F830.91-49

中国版本图书馆CIP数据核字（2015）第101677号

与巴菲特共进午餐时，我顿悟到的5个真理：
探寻财富、智慧与价值投资的转变之旅

作　　者：（美）盖伊·斯皮尔
译　　者：张尧然　杨颖玥
策划编辑：丁晓晓
责任编辑：肖　佳
美术编辑：张燕楠　李　甦
出　　版：中国青年出版社
发　　行：北京中青文文化传媒有限公司
电　　话：010-65511272/65516873
公司网址：www.cyb.com.cn
购书网址：zqwts.tmall.com
印　　刷：大厂回族自治县益利印刷有限公司
版　　次：2015年7月第1版
印　　次：2022年10月第7次印刷
开　　本：787×1092　1/16
字　　数：170千字
印　　张：14.5
京权图字：01-2014-7924
书　　号：ISBN 978-7-5153-3151-5
定　　价：49.00元

版权声明

谨以此书献给

我的父母玛丽莲·斯皮尔、西蒙·斯皮尔以及我的姐姐坦雅

我的孩子伊娃、艾萨克、莎拉

我的妻子洛丽

你是我写作本书的所有动力

目 录
Contents

THE
EDUCATION
OF A
VALUE INVESTOR

Introduction

前 言

　　作为一名价值投资者，我写作此书的目的，是分享自己成长历程中的一些收获。本书是关于我这个投资者所接受的教育，而不关其他任何投资者的成败。这个故事并非教你如何投资，它不是一张路线图。相反，它只是我自己一路而来所经历的故事，以及我在这一路上所学到的东西。还有我自己的缺点、癖好和特殊能力——尽管我对它们的认识也有很多盲区。

　　多年以来，我遇到了一些深刻的见解和强大的工具，愿意与你分享。在大多数情况下，这些都不是教科书里面的内容。因为它是有关现实世界中的故事，而现实世界是杂乱无章的，所以这些主题范围很广阔，从我养成的最不起眼的小习惯，比如在投资过程中，最先阅读什么信息，到最重大的问题，比如把什么样的人当作英雄，选择什么样的人作为导师，以及他们的智慧将会怎样改变你的人生。

本书记录了我的转变轨迹。最开始，我是戈登·盖柯（译注：电影《华尔街》中善于玩弄心计的金融大鳄）的崇拜者——他傲慢心急、目光短浅。之后，一系列的转变和自我反省，引领我的学习对象不断变化，从本杰明·格雷厄姆的《聪明的投资者》到瑞恩·坎尼弗投资公司，从《穷查理宝典：查理·芒格的智慧箴言录》到罗伯特·西奥迪尼，再到莫尼什·帕伯莱，以及与沃伦·巴菲特共进午餐。你将在后文中看到，那顿价值65.01万美元的午餐给我带来的影响足以改变人生。

在与巴菲特见面之后的一年里，我遣散了手下三分之二的纽约员工，把一半的家产送进了仓库，把另一半运到了苏黎世，并搬家到那里生活。我不再向新进入我基金的投资者收取管理费。我不再那么频繁查看彭博终端机。我放弃了一个可以说很危险的癖好——时时刻刻查看股票价格。

我并不是在鼓吹，认为你也应该花钱去和沃伦·巴菲特共进午餐——特别是现在的价码已经飙升，2012年达到了346万美元！我也不是在吹嘘，我对他有更特殊的了解。我能告诉你的是，他对我的投资理念和生活方式都产生了重大影响。我希望，我能够与大家分享自己从他那里学得的知识，让你和我一样从中受益。

我花费了最美好的20年，才走上人生的康庄大道，一路上走错了很多路，浪费了很多时间。我希望，本书能够帮助你少走弯路，更快找到自己的光明坦途。就像巴菲特曾经说过的一样："试着从你犯过的错误中学习——不过更好的方法是，从别人犯过的错误中学习！"

我要告诉你的是，哪怕只学到了本书讲述的一部分经验，你也会变得富有——或许是非常富有。可以确定地说，作为一名投资者，我所获得的智慧，不仅仅是从我的英雄那里学到的，还包括从我自己的失误和成功中总结出来的，给我带来了无法衡量的帮助。在我写作此书的时候，我在1997年创建的蓝宝石基金（aquamarine fund）已经取得了463%的累积收益，而标准普尔500指数的同期累积涨幅为167%。换句话说，当年投入该基金的100万美元，现在已经变成了563万美元，如果当年投入标准普尔500指数基金的话，现在只能变成270万美元。

本书也是关于投资的心理游戏，广义上说，是关于人生的心理游戏。就像我发现的一样，投资不只是金钱而已。随着你的财富增长，我希望你能同时认识到，金钱并不是最重要的。处理大量财富的最好方法，是将它们回馈社会。

你是否对最后这段话抱有疑义？没关系。在我人生的很长时间里，我也不信这些话，直到现在也会偶尔产生动摇。和你一样，我也是个有待完善的半成品。

这些天来，我们听到了很多观点，为什么资本主义会令我们走向失败；贪婪的银行家和不负责任的经理人需要更加严格的监管，财富需要更加激进的重新分配。这些话或许很有道理。但是贪婪也可以成为某些更加深刻、更加高尚事物的工具。根据我的经验，你在最开始可能是一个饥饿的年轻资本家，几乎完全被贪婪所驱动，然后发现它逐渐把你引导到了一个更加开明的思维模式中。这样的话，贪婪最终也会变成好事——只要它不仅仅是刺激你牟取更多，只要它能驱动你走上提升思想境界的心灵旅程。

我将在本书的最后展开论述这部分内容。但是首先，让我们先深入虎穴，一探究竟。

1

从深入虎穴
到沃伦·巴菲特

THE EDUCATION
OF A VALUE INVESTOR

但愿这一个太坚实的肉体会融解，

消散，化成一堆露水！

……

人世间的一切

在我看来是多么可厌、陈腐、乏味而无聊！

哼！哼！那是一个荒芜不治的花园，

长满了恶毒的莠草。

想不到居然会有这种事情！

——《哈姆雷特》第一幕，第二场，

第129—130行，及第133—137行

你曾有过这种感觉吗？极端地厌恶自己。不过不像哈姆雷特，起码我没有自杀倾向。但是我的感受几乎是同样的苦恼。我曾经对投资银行家十分反感，特别是那些和我一起工作的家伙们。我对自己所在的投资银行公司也是同样厌恶。但是，最糟糕的是，我厌恶我自己。

我曾经觉得自己已经做好准备，去征服全世界了。当时，我是哈佛商学院的一名学生。另外，我还拥有牛津大学的学位，在那里学经济学时，

我的成绩在全班名列前茅。一切看起来皆有可能——直到一次鲁莽而愚蠢的职业选择，使这一切都泡汤了。

1993年，就在从哈佛毕业前几个月，我无意中发现了一则招聘启示，D. H. 布莱尔投资银行公司招聘一位董事长助理。我曾读过一些有关投资银行的内容，自诩为即将崭露头角的大师之一。怀着满腔的年轻自信，我前往纽约拜访D. H. 布莱尔投行的董事长——莫顿·戴维斯。莫顿从纽约布鲁克林区的一个犹太穷小子起步，1959年毕业于哈佛商学院，随后成为D. H. 布莱尔投行的所有者和董事长，该银行创建于1904年。人们告诉我，他已经为自己赚得了亿万家产。

他的办公室位于华尔街44号，我在那里和他见面。这个地方已经多年没有重新装修了，看起来就像是J. P. 摩根那个年代传统投行合伙人的办公室。事实上，J. P. 摩根公司的总部就在隔壁。

莫顿是一个完美的推销员，他机智的谈吐迷倒了我。他与我谈论了自己成功完成的几桩大生意，都是有关生物科技等热门领域的，他还补充说："直接和我合作，你很快就可以开始做交易了。"他向我保证，和他合作，我的成就前景"不可限量"，然后送给我一本弗兰克·贝特格的著作《我是这样从销售失败走向销售成功的》。我欣赏贝特格，因为他曾经毫无希望，后来却独辟蹊径，自我提升，取得了巨大成功。

稍后不久，我阅读了《纽约时报》的一篇文章，文章称D. H. 布莱尔投行是一家"声名狼藉"的证券公司，"众所周知，当客户要求斩仓的时候，它的经纪人拒绝让客户卖出。"该文章还提到，特拉华州的证券监管部门已经"试图撤销D. H. 布莱尔投行的营业执照"，夏威夷的监管部门说"D. H. 布莱尔投行使用欺骗和欺诈性的交易手段"。当我回头询问这篇文章所讲述的情况时，莫顿告诉我，人们总是嫉妒成功，总想把你拉下来。我轻易相信了他所说的话。

我在哈佛大学的一些朋友听说我要去D. H. 布莱尔投行，一个个皱起了眉头，劝我不要去，但是我忽视了他们的劝告。我当时傲慢自负，非常逆反，决定不走寻常路，不按传统路线进入高盛或者摩根这样的公司。我希望走出自己的独特轨迹，取得更大成就。我感觉莫顿好像给了我一份无法拒绝的聘书，虽然我当时应该拒绝。所以我签了字，自以为是块金子，希望华尔街让我看见财富。

怀着一腔抱负，我头顶着副总裁的伟大头衔，在1993年9月加入了D. H. 布莱尔投行。我和一位和蔼的老银行家分享二楼一间光线昏暗、实木装修的办公室。他已经好几年都没有做过一单生意了，但是他本身就是风景的一部分，装点着这家投行的可敬光辉。

只工作了六个月，我就感到苦不堪言了。我不断受到一系列的沉重打击。最开始，我以为自己是总裁的唯一助手，这样我就有机会通过辅助他分析遇到的各种机会，观察他的想法做法，向大师学习。但实际上，他还有另外两个副手。

我们三个人都有着闪亮的工商管理硕士学位：伦恩毕业于哈佛大学商学院，德鲁毕业于沃顿商学院。这是一个狗咬狗的环境，而我们三个人各自为谋。我很快发现，他们完全不需要我进行分析。我终于理解了华尔街的艰难常态。这里总是有用不完的人手，他们的能力都远远超过他们需要完成的工作。内部竞争异常激烈。在你身后还有几十个人在排队，随时准备取代你的位置。

我在这个环境中实现价值的唯一途径，也是这家公司真正需要我做的事情，就是促成交易。我认为我能成功接受挑战。毕竟，这是这份工作的一大特点。但是不论是在公司内外，竞争都很激烈。而我只是一个新人。

在D. H. 布莱尔投行是新人，在投资银行和金融界是新人，在纽约同样是一个新人。

尽管如此，我依然决定不辞职，否则我就是承认自己失败了。如果让同学们知道我当时做的决定是错误的，那对我来说简直是一种羞辱。更糟糕的是，我会被认为是一个轻易放弃的人，这个名声可能一直跟着我。总之，激励我的是别人对我的看法，而不是我如何看待自己。如果激励我的是后者，我想我不会再在那里有丝毫犹豫，我会放弃那份工作。但是我依然不顾一切地在那里追求成功。

渐渐地，做成一笔交易成了我的唯一目标。那样，我就能宣布成功，然后选择离职。于是我带着微笑一次次打电话，奔波忙碌了几个月，追逐每一单有可能的交易。但我还是空手而归。尽管我被大量的雄性荷尔蒙所刺激，决心要在这里取得成功，但是在工商管理硕士毕业后的第一份工作中，我还是受到了无情的鞭笞。

我的问题不仅仅是最好的交易都被高盛和摩根这样的大公司抢走了，尽管这是事实。但除此以外，周围还有大量的其他机会，可是要想把这些交易成功带到D. H. 布莱尔投行，需要我做一些之前从未做过的事情。

D. H. 布莱尔投行的招牌就是风险投资和银行业务。这也是该公司吸引我的一个原因：这里有机会站在最前沿，为那些能改变世界的新科技企业提供融资。我是否也会在这个过程中获得财富呢？除了原有的傲慢与狂妄，我还熏染了华尔街的贪婪。我曾以为自己进入了涅槃轮回的快车道。

残酷的事实是，拥有核心技术或创新的、必然能成功的公司非常稀少——哪怕是高盛、J. P. 摩根之类更有名的投行提供融资的公司当中，这样的优质公司也是凤毛麟角。

与此相反的是，大量的公司落入了"可能成功"的范畴。有无数的管理团队，竭尽全力想要追逐他们的梦想，只要能换来融资，他们愿意做任何事、说任何话。在我获悉这一点之前，差点被糟糕交易的汪洋大海淹死。

我最早在高中学习了期望概率不可改变的逻辑，后来又在哈佛大学一门"决策理论"课上学到，如果我要推荐一笔交易，它至少应该有相当大的概率能赚钱才行。鉴于失败的交易数量很多，给投资者带来成倍收益的交易数量却极少，我最初计算，一笔交易的成功率至少要在50%以上，才值得投资。但是不久以后，我确信D. H. 布莱尔投行的标准远低于此。

我记得有一次参加与一家机构的会谈，该机构在为他们的冷聚变项目筹集资金。在学习了一些材料、了解了一些背景知识以后，我脱口而出："这套理论根本说不通！"

其实，我隐含的意思是说，"你们真的希望我直言不讳，告诉我们的销售人员，你们把牛皮吹上天了吗？"

还有一次，我们公司承接过这样一家公司的上市，该公司计划与哈萨克斯坦的拜科努尔发射基地合作，基于该公司与这个前苏联加盟共和国前政府官员组建的公司签署的合同，建造一个新的空间站。该公司的唯一资产，似乎就是一份用外文潦草写就的合同，估计在哈萨克斯坦法庭上都无法强制执行，更不要说在纽约或者伦敦了。和那个冷聚变一样，这个所谓的空间站上天的可能性极小。

但这就是D. H. 布莱尔投行的业务，找一些非常耸人听闻的机会，然后把它们兜售给天真无知、充满希望又不了解更好选择的投资大众。

公正地说，尽管很多这样的"机会"最终变得一文不值甚至失败，我们公司依然会不时取得巨大成功。例如，它曾承接过最早期生物科技公司的上市，恩佐生命科学公司，当时这家公司没有任何营业收入，能承接这样一家公司的上市简直是不可想象。时不时，D. H. 布莱尔投行甚至也会承接一些真正赢利、持续增长的优质公司。但是除了这些优质公司，D. H. 布莱尔投行还需要不那么好的交易去喂养这台制造金钱的机器。

从交易的角度来看，除了收取承销费以外，D. H. 布莱尔投行还向它提供融资的公司索取了部分认股权证。从投资的角度来看，D. H. 布莱尔投行常常是它承接上市公司的唯一做市商。高达20%的买卖差价，使它只需要买卖上市公司的股票，就能获得丰厚的利润。和华尔街的其他许多机构一样，D. H. 布莱尔投行在它的客户面前拥有绝对优势。

但是要想给股票带来巨额成交量，吸引更多的人对它感兴趣，需要很多步骤的运作。用值得怀疑的成功概率渲染一个机会，把它打扮成一只公众想要疯狂买进的股票，这就是D. H. 布莱尔投行的分析师和投资人员所承担的角色之一。为了让这些交易取得成功，推动融资的步伐，需要很多人扮演不同的角色。

冷聚变和空间站是无法带来任何收益的。但是它们都很激动人心，这些公司代表了能够抓住公众想象力的新奇点子。如果一群充满激情的投资公众最终能对冷聚变或者空间站感兴趣，他们就很容易把一只新上市的股票推向新高，甚至达到上市价格的很多倍。从一家投资银行的立场来看，这种价格变动会带来很好的离场机会——哪怕这家公司最终会失败。在股票上涨的过程中，银行会兑现手中的认股权证，卖出这些股票，获得收益。如果这家公司最终破产，股票早已大量分散，受损失最严重的并不是D. H. 布莱尔投行和它的客户。

想要造就这样的形势，需要各种激进的推销方式。所以D. H. 布莱尔投行有一项散户经纪业务，里面都是咄咄逼人的经纪人，在十四层楼的某个房间给客户打电话。他们从外表和法律上都不同于我这样的投资人员，他们实际上是为另一家公司服务的。他们属于D. H. 布莱尔公司，而我的雇主是D. H. 布莱尔投资银行公司。

公司有几张和善可亲、值得尊敬的面孔都在我们银行家小团队里，但是那些把暧昧不清的股票兜售给散户的经纪人，才是公司的幕后英雄。他们总是冷不防让人想起马丁·斯科塞斯电影《华尔街之狼》中的经纪人，电影中对他们的形象有所夸张，但并没有搞错方向。D. H. 布莱尔投行的十四楼，是一片充满雄性荷尔蒙的激荡海洋；有人曾告诉我，有时候会有妓女上楼来，报答当天最成功的交易员。

我没有直接和这些家伙打过交道，但是他们依靠我们的投资银行团队向顾客兜售股票。银行经理能够独自生存，因为他们紧紧把自己关在二楼漂亮的实木装修办公室里，而真正令人瞠目结舌的活动都发生在十二层楼以上。但仍然，那些经纪人需要我们这些银行经理来促成他们的交易。

在D. H. 布莱尔投行待了一年左右，我才渐渐领悟到我在这里的真正角色是什么。他们希望我以最简略的方式打扮这些交易，淡化或者忽略其中的消极面，同时热情洋溢地强调积极面，勾勒出一幅美好蓝图。

我在那里的表现，不是一个受过良好训练的、认真的分析师。他们不需要我像法庭仲裁员一样，煞费苦心地探讨一个观点，核查一个机会，尽可能准确、诚实地公布真相。回想起来，我可以清楚地看到，我的牛津和哈佛学历对这家公司的价值，不过是用我的证书来装饰他们的交易和文件。因此，我只是为他们提供了一张常春藤名校遮羞布。

当我回顾我们与那家冷聚变公司的会谈时，我可以看到自己当年是多么的天真。事实上，当时每个人都希望我扮演好自己的角色。当时房间里的真正重头戏，是一段没有说出来的对话，大概是这样子的：

冷聚变公司管理人员："D. H. 布莱尔投行的领导们，不错，我们是在放狗屁忽悠你们。这玩意儿几乎不可能成功，但是我们已经研究它好几年了，在这上面投入了很多个人资金。不管怎么说，没有人能证明它100%不能成功。况且，想想看，它会给投资者和媒体带来多么大的震撼。它将成为全世界唯一的核聚变能源上市公司！"

其他的D. H. 布莱尔投行的投资人员："确实，这几乎完全不可能成功，但是我们需要满足我们的交易流水线，所以你们这些公司管理者，可以从原始股票中获取财富。我们作为投资银行，也将从承销费用和股票交易中得到财富。再说了，谁知道呢，没准儿它万一成功了呢，那样我们的客户或许也能赚到钱。"

我却无知地提出这些所谓的科学是假冒的，说道："外边有很多人都曾宣称，他们实现了冷聚变，你这个也没什么更新的东西。"我当时如此笨拙，以至于大声笑了出来。

只有在回想起来的时候，我才意识到，我当时是房间里最遭人恨的人。如果我这样的蠢货不闭嘴，交易怎么可能成功呢？在那种环境下，我这种鲁莽的诚实不可能取得成功。

但是我当时还不想就这样承认失败。所以我加倍努力，做好准备承受更多的挫折磨难。我更多地微笑，更多地打电话，更加忙碌地在这个城市里奔波。

终于，我找到了一笔非常好的交易。这一次，我可以拍着胸脯说，尽管有风险，但是它绝对值得投资。这家公司叫作Telechips公司，它在1994年推出的一款产品，既可以当电脑用，又可以当电话用。该公司的管理团队的领导包括C. A. 伯恩斯，他曾就职于贝尔实验室，还有兰迪·皮纳托，曾在地方贝尔运营公司担任销售人员。他们的想法既超前又具体。那时候，互联网还没有商业化，移动电话刚被提出来不久。

我还发现了一个经验丰富的投资银行家，霍华德·菲利普，他愿意和我一起组织这次交易，并募集资金。菲利普曾在奥本海默基金工作，并且有坚实的行业背景，半退休后来到了D. H. 布莱尔投行。他每周来上两三天班，对我态度也不错。

找到了一个靠谱的管理团队，并让他们相信我和菲利普就是他们募资的渠道，我却又发现了一个新的痛苦和不悦。尽管我认为菲利普和我是平等的合作伙伴，但我很快意识到，我们这笔交易的收入不是五五平分，他那一份太多了。这对我骄傲心灵的打击，胜过对我钱包的打击。但是，只要这笔交易做成了，我就没有其他选择，只能接受这种划分。

下一步，是让这笔交易获得核准。我想，我来这么短时间就看到了好几宗垃圾交易，相比之下，我这笔交易靠谱得多，应该能够顺利过关。我和菲利普提交了一份意向说明书，陈述了我们对Telechips公司的估值，以及计划募集的资金数量，提交给公司进行粗略的核查。我当时处于一种狂喜的状态。

伯恩斯和兰迪也是如此，我们一起庆祝。他们终于可以不再绞尽脑汁地寻找投资，终于可以专注于公司业务本身了，大家为此感到兴高采烈。兰迪告诉我，他们同时还找到了另外一家信用度很高的融资机构，但是他们更想与我合作，因为他们喜欢我。

当时，我已经预先使用了一些奖金了，并且在想如何把这件喜讯告诉哈佛大学校友报。这则消息的标题可以写成《哈佛商学院毕业18个月，盖伊·斯皮尔就做成了他的首笔交易》。

霍华德·菲利普是这方面的高手，他没有预先使用我们预期奖金（他拥有更大份额）的一分钱。他一定知道，那种粗略的核查绝不简单。我们的总裁，莫顿·戴维斯，把这项任务委派给了另一位年轻的投资人员，而他吹毛求疵，给这笔交易判了死刑。我简直无法相信。他曾非常高兴地支持其他很多比这糟糕得多的交易。

最终，Telechips公司的管理团队想知道失败的原因，而我也不知道答案，我们都被通知再开一次会。此时，Telechips公司的资金已经耗尽，他们迫切渴望获得融资。我了解到，由于吹毛求疵（不好意思，我是指严格的审查），这笔交易依然可以完成，但是最终的估值比我们最初承诺的条款要少很多，而付给投资银行的佣金费则更高。

兰迪给我打来电话，告诉我，银行的行为和我的欺骗是多么令他感到震惊。我所能做的，只有道歉，并告诉他，我真的不知道事情会搞成这个样子。我希望他能相信我，但是我也不确定他会不会。从私交层面上来说，我已经丧失了他的信任，更谈不上什么朋友了。

一两天之后，Telechips团队接受了D. H. 布莱尔投行的条款——这毫不出大家所料。他们一直被欺骗，蒙在鼓里，直到D. H. 布莱尔投行的投资委员会确信这家公司已经别无他选。我感到异常愤怒和恶心——并不只是因为我自己。

回头看，我现在认识到，自己当时在道德的悬崖边上摇摇欲坠。如果我更加深入地融入这家公司的文化，不论是有意还是无意的，我就将坠入万劫不复之地。

事实上，在我离职几年之后，D. H. 布莱尔投行就与监管部门发生了冲突。那家散户经纪公司，所谓的D. H. 布莱尔公司，1998年就完全停业了。2000年，《华尔街日报》报道，这家散户经纪单位及其15名员工被指控有173项证券欺诈罪。

除了其他方面之外，该散户经纪公司被指控为了牟取私利操纵股票价格，并使用了非法销售策略。该公司的四名主管——总裁肯顿·伍德、副总裁阿兰·斯塔勒和卡尔曼·雷诺威，以及首席操盘手维托·卡珀铎多——承认了证券欺诈和串通操纵股价的指控。《今日美国》报道说，D. H. 布莱尔公司及其主管支付了2100万美元补偿受害的客户。

由于D. H. 布莱尔投行是一家独立公司，所以它没有受到牵连——其总裁莫顿·戴维斯也没有受到指控。但是这对于他来说，必定也是一段艰难岁月，不仅因为斯塔勒和雷诺威是他的女婿。在媒体上，莫顿本人也受到了攻击。例如，《福布斯》杂志1998年的一篇文章把莫顿·戴维斯称为"充满争议的便士股票（编者注：也称为低价股票）之王"，说他"做那些高贵的投资公司不肯屈尊的事情，通过从私募和公共市场为一些公司募集资金，并从中致富"。在我离开哈佛大学、开始与他合作的时候，并没有过多在意这些。

可是，莫顿先生真的不是一个坏人。我记得有一个周五的晚上，我到他家里参加家庭晚宴，深深地被他的善良和慈祥所感动。他有很多值得钦佩的地方，而我也确实不适合去评判任何人。

但是，从我在D. H. 布莱尔投行所观察到的公司文化来看，它与监管部门之间出现冲突毫不为奇。

站在自己的立场上，我不知道，自己究竟离那道德的悬崖有多远。但是现在明白过来，我可以说，当时即使距离一千英里，也还是太近。回顾往事，我对同事们的动机和道德规范毫不知情，把自己陷入了危险境地。这是一个有力的证据，说明即使是非常聪明、受过良好教育的人也会有愚蠢的时候。

我真的经历了太长时间，才明白这种业务的实质，如果我想要从中取得成功，就必须被迫违背自己的道德指南。在几个月时间里，我都是在关注错误的问题，想知道为什么我想做成一笔交易会有这么多麻烦，苦恼得以为自己一定有什么地方做错了。我当时没有足够的经验和眼界，看清这个环境整体是有问题的。

　　问题的部分原因是竞争过于激烈，这会让人萌生一种想法，如果我不去做某些事情，别人就会快逗地抢先一步去做。这种环境完美地促使追求成功的人们去不断挤压边界。在华尔街，这种模式一再重复。通过野心、贪婪、傲慢或无知，很多聪明、勤奋的人们迷失在了灰色地带。

　　在这里，我要澄清一点。尽管我相信，这个公司常常向轻信人言的市场曲解投资机会，但D. H. 布莱尔投行的管理层没有任何人曾直接要求我说谎或者歪曲任何事物。

　　例如，当我声称我做了有关冷核聚变的相关研究并且研究得很透彻，他们会对此表示欣赏，并且给了他们一个很好的理由，可以中止这笔交易。但是他们永远不会说出来，这场游戏的真正规则，是不说出来的潜规则。

　　在D. H. 布莱尔投行，我还观察到了另一种模式，无数次在华尔街上演。每一个人都想赚钱。所以贪婪的资深银行家本应该了解更多情况，但会选择视而不见，而贪婪的年轻、天真的银行家则会去挤压边界。在雷曼兄弟，他们挤压了杠杆工具的边界；在全国范围内，他们都忽视了次级房贷的默认利率；在塞克资本对冲基金，他们对猖獗的内部交易视而不见。

　　在D. H. 布莱尔投行的经历，帮助我看到在华尔街的不同环境中，这样的事情是怎样的屡见不鲜。在1990年代后期的互联网泡沫期间，一些差劲的公司被大力宣扬，其股票卖给对此深信不疑的公众。例如，美林证券公司的分析师亨利·布拉吉就疯狂地看涨互联网股票，就像给猪涂口红一样。几年之后，类似的事情又发生在信用评级机构，它们的分析师盲目给予担保式抵押契约（CMOs）和债务抵押债券（CDOs）积极评价，最终导致了住房危机。

在D. H. 布莱尔投行18个月极度痛苦的煎熬，摧毁了我纯洁的想象，把我的职业生涯带入了低谷。我在牛津和哈佛为自己打造的光鲜简历和名誉都碎为尘埃。而在投资行业，业界名誉意味着一切。离开D. H. 布莱尔投行之后的几年里，我都为这段经历感到非常丢脸，似乎怎么也洗不干净手上的污点。

甚至现在写到这段经历的时候，我都会起鸡皮疙瘩。我有时候会想，把这些都写出来是不是个错误。但是我想，我们任何人都有可能陷入看似难以想象的局面，讨论在这种情况下的态度很重要——被卷入一个错误的环境，进行道德妥协，会严重地玷污我们的人格。我们可能想，要改变我们的环境，但实际上，是它改变了我们。所以，我们必须异常谨慎地选择正确的环境——与正确的人共事、交往。理想情况下，我们应该严格选择比我们更优秀的人交往，这样我们就能变得更像他们。

我希望选择D. H. 布莱尔投行的决定，是我职业生涯中最糟糕的一次错误。但是，谢天谢地，它没有毁掉我。在一本名为《创伤揭示出韧性的根源》的书中，心理学家戴安娜·佛莎引用了欧内斯特·海明威一句话："这世界会打击每一个人。但经历过后，一些人会在受伤的地方变得更强壮。"为什么有的人在受到打击之后变得更加强壮，而没有被摧毁呢？

在商业和投资领域，这也是一个伟大的问题。沃伦·巴菲特在三十多岁时犯了他最大的错误之一，他投资了亏损的伯克希尔·哈撒韦公司纺织工厂。这本来会让他失败，但是他后来把伯克希尔·哈撒韦公司打造成了他人生的丰碑。他能做到这一点，一部分是靠投资更好的业务，而不是在格雷厄姆教他买的烟蒂公司（像伯克希尔这样的公司）上孤注一掷。或许D. H. 布莱尔投行就是我自己的烟蒂：一次标准的中毒休克经历。

成功人士就是那些被人生打倒之后，又重新站起来的人。我们所接受教育的一个本质内容，就是从错误中学习——有时候如果我们不犯错误，可能什么都学不到。确实，作为一名价值投资者，在D. H. 布莱尔投行所受到的严重打击，是我所接受教育中的重要一课。

其中最重要的一课，就是我永远都不能再做任何有损我名誉的事情。就像巴菲特曾经说的一样，"建立一个好名声需要20年时间，毁掉它只需要5分钟。如果你能想到这一点，就会换一种方式做事。"我学到的另外一课，是我必须做力所能及的每一件事，来改变我的职业环境。

当我发现沃伦·巴菲特的世界时，我好像发现了一条生命线。在遇到Telechips那笔交易的前后，我在一个夏日发现了它。那时候，我已经对自己的人生走向深感失望。我发现自己不再会在D. H. 布莱尔投行二楼的办公桌前啃三明治。我对这种职业丧失了兴趣，但是我不知道该去做什么，我不敢离开，怕被别人当作失败者或者逃兵。

为了寻求逃避，我会在吃午饭的时候偷偷溜走，从街头小贩那里买一个沙拉三明治或者沙瓦玛烤肉卷。然后就游荡到祖科蒂公园，玩几局象棋游戏。

在回去的路上，我经常躲进华尔街旁百老汇的一家书店翻书架。我在那里买的第一本书是弗兰克·法博齐的《债券市场：分析与策略》。他对资产/债务匹配和债券久期衡量的技术讨论深深吸引了我。一时间，我甚至想象自己成了一名债券交易者。

另外一次去那家书店的时候，我随手翻到了格雷厄姆的开山之作《聪明的投资者》，由巴菲特作序。我看了之后爱不释手。格雷厄姆雄辩地宣称，拥有一只股票，不仅仅要把它当成一张可以用来交易的纸片，而是当成一家真实公司的股份。他还说，要像对待郁躁狂一样对待"市场先生"，并利用它变化不定的情绪。当市场在贪婪与恐惧之间转换时，通过集中精力认清一家公司的固有价值，投资者可以从中获利颇丰。有时候，你打骨子里知道有些事情是正确的。对于我来说，价值投资的理念意义重大，这是不言而喻的。

不久以后，我又读了《巴菲特传：一个美国资本家的成长》，由罗杰·洛温斯坦撰写的精彩传记。我被巴菲特人生中的细节所吸引。他的生活方式和我的生活方式截然不同。我在D. H. 布莱尔投行的交易经验和他的企业精神也完全对立。巴菲特没有在疯人院一样的地方工作。他没有找借口把值得怀疑的垃圾卖给华尔街勤奋工作的人们，或者巧取豪夺更加丰厚的佣金，然后狠狠地把合作伙伴甩在身后。

我还没有任何想法，怎样把这样的做法实施到自己的生活中去。但是我深刻而迫切地感受到，我必须离开原来的地方，尽量向巴菲特的位置靠近。我感觉好像是他向我伸出了手，这样我就能逃出深陷不能自拔的道德泥潭。为了宝贵的生命，我抓住他不放。

这本书就讲述了我从那个黑暗之地走向现在生活的涅槃之旅。

2

精英教育的风险

THE EDUCATION
OF A VALUE INVESTOR

为了前进，我必须确定哪里出问题了，只有这样我才能重塑自己。于是我开始问自己，为什么自己一开始选择了D. H. 布莱尔投行：一个大家眼中非常聪明的人做出了如此荒谬愚蠢的行为，这是何等的疯狂！毕竟，当时还有很多其他机会向我敞开了大门。这番探究是我内心旅程的开端。我开始意识到一件事，我在象牙塔里接受的教育，使我面对危险不堪一击。

最终选择到D. H. 布莱尔投行工作，无疑是背叛了我在牛津、哈佛接受教育的初衷。我曾走入全世界最顶尖的两所学府，结果却在无意中成为金融界倒行逆施的帮凶。

是我所接受的教育毁了我吗？或者更糟糕，是我毁了我所接受的教育吗？因为我是我这个行业群体的一个缩影，由此引出一个更大的问题：为什么那么多背景显赫、来自精英商学院、接受过高等教育的人们，酿成并加剧了2008—2009年的金融危机呢？是我们的教育毁了我们吗？或者，是我们毁了我们的教育吗？那些培训出所有这些高能量经济破坏者的著名大学，无法给出一个恰当的答案。

即使没有资格回答，我也必须提出这些问题。因为从很多方面看，在我生活中发生的事情，正是很多同行类似遭遇的极端反映。我们有太多人对自己的聪明才智和能力自信满满，骄傲地走入金融界，最终却发现，我们加入的这个系统给世界带来的伤害竟然多过好处。

令人不安的真相是，精英教育中有一些不利的因素。从我正式毕业到之后的十年里，我都没有意识到这些不利因素。从某种程度上来讲，我蒙蔽了自己的双眼，在很长一段时间里是处于一种自动导航模式，这浪费了我生命中最高效的几年时间。如果你有过和我类似的受教育经历，那么和我一样，你可能必须从某些根本方面重新塑造自己。

作为一个投资人，对我影响最大的人是莫尼什·帕伯莱，一位从印度来到美国的移民，他的累积投资收益远胜过我。他毕业于南卡罗来纳州的克莱姆森大学，而不是牛津或者哈佛。当莫尼什和我与沃伦·巴菲特共进慈善午餐的时候，可以向你保证，巴菲特（他曾经被哈佛商学院拒之门外）不可能忽视我们分别来自什么学校。

不要误解我的意思。像牛津和哈佛这样的地方的确很棒，我很感激它们对我们文明做出的巨大贡献。但是在一味的仰视中，我们可能没能认识到它们的瑕疵。所以，如果我对这些大学的评论听起来过于苛刻，请理解我，这是因爱而生的苛刻，是想让它们更加完美，而不是要把它们荡平。

这个问题的部分原因，是受过良好训练却钻牛角尖的学术思维，可能破坏你的长期成功。你在那些学校可以很容易得到一辆精神领域的法拉利跑车，但在现实世界中你所需要的，是一辆可以在各种环境中驾驭自如的吉普车。

为了解释这一点，首先让我为你介绍一下我所接受的教育背景。我从福瑞曼高中考入牛津大学，那所独立高中最初是为收留孤儿创建的。轻信的家长们以为它是一所时髦的英国私立学校，其实它只是个填鸭式教育的地方。那里的很多教学决策，出发点都是怎样让大多数学生考入最好的大学。一些老师非常出色，但是对于大多数老师来说，他们的目标不是从广义上教育我们。相反，他们只是分析怎样才能让我们在中学考试和大学入学考试中取得好成绩。然后这个系统就裹挟着我们朝着这个目标努力，这样我们就能考出高分。

我考牛津大学时的考试科目包括数学、物理、英文理解与写作。猜猜结果怎样？这套系统还真有用，我考上了。尽管我在一场考试中读错了题，但是经过良好的训练，我还是被牛津大学布雷齐诺斯学院录取了，并到那里学习法律。

但是入学后，我身边的同学都接受过更加全面的教育，知道很多我不知道的知识。尽管我热爱法学理论，或者叫法律哲学，课程要求我每周阅读几十个英国普通法案例。英国普通法是一门非常好的课程。但是对一个七年前才移民到英国的学生来说并不合适，因为我对这个国家的社会和历史知之甚少。从那以后，我经常做一个梦，梦见自己可以按下一个特殊按钮，将全世界的普通法卷宗都通通烧毁。我相信，总是忽视反复出现的梦境，绝不是什么好事。

把这段经历与我在布雷齐诺斯学院的一个朋友相比，他叫安德鲁·费尔德曼（现在是安德鲁·费尔德曼爵士，英国保守党主席），情况则完全不同。他学习了大量的英国历史和世界历史，能够将法律置于现在和历史的社会背景中分析。对安德鲁来说，这些法律都是他之前所学知识的微缩，令人陶醉着迷。但对于我来说，它们是一大堆乱糟糟的判例法。我为通过考试做好了各种准备，却没有他那些更广阔的知识框架。这里有重要的一条经验：光在一所好学校的好项目里学习是不够的，你需要参加符合你特殊需求的项目。回想起来，学习法律并不适合我。

在这种不满的状态下，我留意到了彼得·辛克莱，布雷齐诺斯学院的一位经济学教授。每一次在校园里相遇的时候，他都会和蔼地向我微笑，对其他所有学生也是一样。每一个遇到他的人，都能感受到他那仁慈的灵魂。在我大二年底的一天，我突然醒悟到，我绝对不能再继续学法律了。这感觉像是一股不可抗拒的力量，甚至没有受到丝毫抵抗，就涌入并填满了我的心田。

在人生中，这样清晰的时刻非常少见，即使是最亲密的人可能也会怀疑，我们是否应该遵从这样的直觉行事。我相信，这些无理性的信念从我们心灵内部迸发出来，就算我们无法解释它们，也有必要重视它们。我接受的学术培训——它强调假设—推理—分析，会怀疑这些几乎无法解释的直觉与向往的价值。但是我们需要尊重我们意识深处的这些更深意识。这不像乔治·索罗斯的直觉，他在难以取舍一只股票的时候，把背痛当作信号，来决定继续持有还是卖出。是谁说，心灵的终点就是身体的开始？

在我决定与我的妻子洛丽结婚的时候，我感受到了同样清晰而肯定的感觉。我的全部身体和灵魂都感受到，我们两个人应该在一起。在发现价值投资的时候，我也有这样坚决而清晰的感受：我不是通过思考确定这是我的正确道路，我只是知道它，我相信，沃伦·巴菲特也是以这样的方式进行投资决策的，所以才能在不知不觉中表现出惊人的分析能力。

在人生长河中，我们每一个人都会有几次这样的时刻，但是我们需要勇气去行动。

不管怎样，我还是走过了彼得·辛克莱的办公室，问他我能否学习

PPE（政治、哲学和经济）课程的经济部分。直到今天，我也不知道他是着了什么魔，答应帮助我实现转变。因为他这一行为，比其他任何事都更加深刻地改变了我的人生，所以我对他感激不尽。从成为PPE学生的那一分钟起，我就开始感受到自己与这个世界的联系。与之前翻阅连篇累牍的案例法相比，我现在的工作就像是在深入挖掘当天头条新闻的真相。这是一个有力的例子，诠释了我们接受约瑟夫·坎贝尔的劝告"跟随我心"之后的情形：新的道路打开了，我们感到生活是如此幸福。

但是不久以后，我又一次陷入了困境。尽管我非常喜欢这门课，但我还是遇到了一个大问题：进入大学两年以来，我一天都没有学过政治、哲学或者经济，我不知道之前自己干了些什么。几个月之后，学校方面通知我，如果我的成绩还没有提高，可能就会因为学习原因被开除。用牛津的官方说法就是"劝退"。

感到绝望而无助，我常常熬夜，努力拼凑出一篇差强人意的小论文。我知道，自己比其他同学落后太多了。他们当中的一位，后来当上了英国首相，他就是戴维·卡梅伦。他非常聪明，口才也很好，在伊顿中学读书期间就做好了充分准备。我们曾和三四名其他同学坐在一起上课，我甚至不敢在他面前讲话，因为他对英国历史和政治的了解超过我太多。连教授也对他印象深刻，而我没有多少能让人记住的事迹。

学生们有时候会调侃卡梅伦与韦农·波格丹诺在政治课上的博学表现，后者是一位著名的宪法学者，他现在是英国国王和首相的顾问。很明显，卡梅伦和波格丹诺有时候会讨论维多利亚时代的哪位首相更加优秀，是迪斯雷利还是格莱斯顿。听到这些故事，我总会有一阵感伤，因为我英国历史的知识不够充足，对这套政治体系的基础也知之甚少。

我的竞争方法，是全力集中在自己能够突出的主题上努力。我爱上了政治哲学，花费了无数时间研究约翰·罗尔斯的司法理论，以及戴维·休谟和罗纳德·德沃金的思想。我害怕被"劝退"，害怕被别人当成傻瓜，害怕丧失在牛津大学的座位，我学会了用炫耀理性的方法来掩饰自己的不安全感。我有一股强烈的欲望，要在这个非常聪明的群体里得到认同和尊重。当我做得好、取得成功的时候，事情就很有趣，但是相反的情况就不好玩了。

在很大程度上，我是被沃伦·巴菲特先生所说的"外部记分卡"所驱动的——需要得到公众的赞同与认可，这很容易把我们引到错误的方向。作为一个投资者，这是一个危险的弱点，因为群众常常是被不理性的恐惧和贪婪控制，而不是理性分析。这种特殊的学术环境，本身设计就倾向于用外部记分卡来衡量人物：在这里赢得他人的认可确实是有用的。

所以，在求学的那些年里，我养成了一些缺点，需要在日后加以识别和改正。价值投资者必须能坚持走自己的路。价值投资的全部追求，需要你看出群众的错误，并从他们的错误观念中盈利。这需要把衡量你自己的方式转变为"内部记分卡"。

为了成为一个优秀的投资者，我需要像外人一样接受我自己。或许，实际目标不是让别人接受自己，而是让自己接受自己。

当然，我当时并没有意识到这一点。所以我专心于掌握学术世界里的规则。我学会了快速思考，然后迅速转身，用犀利的答案赢得教授和同学们的关注。在某种程度上，我至今依然保留了这样的行为方式：当我感到紧张或者不安全时，就会回到那种在牛津学到的套路，向他人炫耀理性。只不过，后来我就发现，这种辛苦学来的技能，只有在大学以及其他几个人才集中的环境里才真正有用。像莫尼什这样的人，完全不具备这样的炫耀技能。但是他的方法比我更聪明，在现实世界里，他的自我教育更加实用有效。

问题就在这里：如果我如此迟钝，连D. H. 布莱尔投行这个疯人院一样的地方都辨别不清，那么我学习、欣赏罗尔斯司法理论的深刻高雅，还有什么意义呢？甚至最终认识到自己给自己挖了个坑之后，我又浪费了几个月的时间，才激励自己爬出来。我受过如此良好的教育，为什么还会缺乏立即离开D. H. 布莱尔投行的道德勇气呢？

我们的顶尖大学塑造了所有这些聪明的头脑。但是这些人——包括我自己在内，依然会做出蠢事，依然会做出不道德的选择。我身边的很多同事也是如此，接受过精英教育的他们，却没能主动离开邪恶的环境，比如一些投资银行、经纪公司、信用评级机构、债券保险公司和抵押贷款公司。

在牛津大学对经济学的学习，至少培养了我的专业技能和推理能力。有些技术知识不仅反映了高超的理性思维，对于任何想要理解何种政策会驱动经济成功的人来说，它还具有难以估量的实践意义。但是也有的经济学理论，虽然看起来非常高级，在现实世界中却毫无用处。我并没有能力去严格地评估它们，这个学术环境也不会犒赏这样的异端行为。我只好对所有知识照单全收，不加质疑。

一个最重要的例子，是有效市场假设，这个强大的假设在理论上很有用，解释了这个世界运转的原理。该假设认为，市场价格反映了市场参与者所有可以获得的信息。这对投资者有深远的影响。如果它是真的，股票市场上就不会有讨价还价了，因为任何价格变动都将是一个套利机会。

在现实世界中，显然不是这样的。但是我花了十年时间才认识到这一点。我所学的某些经济课程很有价值，以至于我认为它们也同时非常有效。部分问题在于，我在锻炼自己能力的时候，过于偏重如何讨好评判试卷的学究们，而不是训练解决实际问题的思维能力。我的教授们没有去严肃地探讨，有效市场假设是否反映了实际情况——所以我也可以安全地忽视这个问题。

我坚信不疑地抱着这个错误假设不放。几年之后，我在哈佛商学院遇到了沃伦·巴菲特，当时我对他毫无兴趣。毕竟，只要市场是有效的，试图寻找被低估的股票就只能是一种徒劳。在我追求学业成功的过程中，我狭隘的思维只盯着这样一个学位，却感受不到自己面前的真实世界。

我们建立的这些伟大学校，本意是要教我们独立思考，结果却常常以潜在的破坏性方式闭塞了我们的思维。查理·芒格在哈佛法学院的一次经典演讲《人类误判的24个标准成因》中，讨论了这个问题。他谈到了伯尔赫斯·弗雷德里克·斯金纳是如何影响整整一代心理学家，让他们拥护行为主义的，尽管有大量的反面证据存在。在这些闹剧上演的同时，科学也加速了这些错误的葬礼，一大批著名但方向错误的科学家一败涂地。

在牛津大学，我以同样的方式被误导。尽管我忽略了现实世界，但还是以全班第一的成绩顺利毕业。如果你停下来想一想，就会发现这里存在一些隐忧。尽管如此，我的自信心和自大还是迅速膨胀起来了。

带着我漂亮的新证书，我赢得了博敦咨询公司的一份好工作。该公司的高级管理人员都曾在哈佛商学院就读，所以几年以后我也提出申请，并得到了聘用。

在哈佛商学院，课程专门学习真实的商业案例。我们的关注焦点，不是这个世界应该怎样，而是对实际发生的事情进行讨论。这种教育领导者的方式，比牛津模式更加强大、更贴合实际，因为每一个学习案例都能提供一套新的事实和情况来分析，创建出一个有用的经验库。但是哈佛也加剧了我的狂妄自大。用我喜欢的一个印度词来说，我就是个"一流人物"，漂亮的文凭强化了我的感觉，以为自己如此优秀，理应在这个世界得到美好生活。

我在哈佛学习的第一个学期，沃伦·巴菲特到商学院发表演讲。出于无知和自大，我坚持误解他为一个运气好的投机者。毕竟，我在牛津学习的理论模型阐释了一个不言而喻的真理，只要市场是有效的，寻找被低估的股票就是徒劳无功的。对于我来说，理解他从市场失效中挖掘财富，就必须放弃我辛辛苦苦学到的学术模型。面对与自己所信奉理论不符的事实，我做出了与很多人一样的选择：我无视这些事实，抱紧理论不放。如果当时让我与他对话的话，我或许会说："巴菲特先生，请不要用这些事实来混淆我，因为我对有效市场抱有坚定的信念。"

但是就算当时他说出真相，我在讲堂也只不过是心不在焉而已。因为我当时正在追求一位大二的女生，她却在前一天晚上与另外一个同学结伴外出，这令我感到非常烦闷。在巴菲特发表演讲的时候，我甚至都没有坐下来听，他说的话我一个字都没记住。

这是一个悲喜交集的提醒，我脆弱的自负更在乎我自己，而不是学习的机会。相反，巴菲特之所以能够如此成功，部分原因在于他从不停止自我完善，他一直都是一台学习机器。就像芒格曾说的一样，"巴菲特到七八十岁的时候，在很多方面都将比他年轻的时候更好。如果一直坚持学习，你就将收获巨大的好处。"

正如俗话所说，只要学生准备好了，老师马上就到。果然，四年以后，当我偶然看到他为《聪明的投资者》撰写的序言时，沃伦·巴菲特再次出现在了我的生活中，随后，我又阅读了洛温斯坦为他写的传记。

那时候，我正在D. H. 布莱尔投行饱受煎熬。我的傲慢自大受到了沉重打击，我像从来没读过工商管理硕士一样，对巴菲特的教育敞开了大门。在D. H. 布莱尔投行的经历让我变得谦逊而羞愧，它迫使我重新检验自己曾经相信的每一件事。这就是逆境中的好处。

　　当然，这里有一个绝妙的讽刺。加入D. H. 布莱尔投行是我一生中所做出的最糟糕决定，但它也是一份礼物——不仅因为这次羞愧打开了我的思维大门，还因为在那里，我学到了在课堂上、在最好的大学校园里都学不到的知识。事实上，D. H. 布莱尔投行阴差阳错地成了我开始职业生涯的最好场所，因为它毫不掩饰地向我展示，华尔街的所有事情都是有问题的。我彻底打消了扭曲真理来迎合自己个人利益的想法——这种倾向对待客户的态度是榨取价值，而不是为其服务。

　　在最糟糕的时候，连高盛和J. P. 摩根这样的投行精英也未能免俗。只是给欺骗客户蒙上了一层更加体面的外衣而已。

　　当我开始理解沃伦·巴菲特所体现的原则时，我意识到，这里还有另外一条通往成功的道路。这个发现改变了我的人生。

3

火中漫步

我作为价值投资者的第一步

THE EDUCATION
OF A VALUE INVESTOR

离开D. H. 布莱尔投行之后，我为了寻找下一份工作，经历了一段艰难岁月。这给我造成了污点——至今在我的简历上也无法抹去的糟糕污点。

我的简历很强大，本足以让我进入像高盛、桑福德·伯恩斯坦公司、瑞士信贷第一波士顿银行等著名公司的面试。但我像是一件被损坏的商品，没有一家公司愿意聘用我。华尔街那些了解D. H. 布莱尔投行名声的内行人，对我无非有两种态度：要么是我太傻，居然看不出D. H. 布莱尔投行的伎俩；要么我也是一个危险帮凶，想要打破他们谨慎行为的边界。不论如何，他们都不会碰我。

随着一次次被拒绝，我的沮丧也不断积累。在我大脑的最深处，像"拒绝"和"找不到工作"这样的词，是和"失败""堕落"紧密联系在一起的。我真的开始感觉自己像是一个人人躲避的角色。我的内心出现了危机。在我头脑里，浮出一个声音说，"这样做有什么意义呢？它根本帮不了你什么忙。"或者是更加恶性的自我对话场景："你又去了一趟，你这个笨蛋，你一直在失败。你在金融界永远也找不到一份好工作。"

但是不久以后，我就找到了方法，冲破阻力，开始重塑自我。这段经历的细节是我的个人事务，但是这个过程关系到每一个陷入困境、迫切希望找到一条出路的人。在某种意义上，我真正需要做的是重新教育自己。或者，在这件事情上，是忘记自己曾经受过的教育。

这个过程是以最意想不到的方式开始的，我遇到了成功励志专家托尼·罗宾斯。我和一对非常聪明的、斯坦福大学博士毕业的瑞士夫妇聊天时，听说了他的名字。我曾认为自己对经济和金融问题有深入了解，以严肃的思想者自居。我这种自作聪明、装腔作势的派头，很容易把罗宾斯这样的人从身边赶走。我接受过这么多优质教育，怎么可能从这个粗鲁的美国佬身上学到什么有价值的东西？

如果不是因为我这些朋友有着非常优秀的学术背景，我想我不会想要了解更多有关罗宾斯的信息。我讨厌承认这一点，因为它暴露了我当时肤浅的思想。对于我来说，明智的开端，是抛开这些狭隘的偏见，这样我才能开始向每一个人学习。

我曾计划去旧金山过周末，放松放松。但是我的一位瑞士朋友，戴安娜·威斯告诉我，罗宾斯正在那里举办一个研讨班，它会改变我的人生。这个研讨班的主题是"释放内心的力量"。我当时对此有一肚子不恰当的怀疑，但还是鼓足勇气跳出自己的道路，参加了研讨班。

回想起来，我事后发现这是我人生中的一种明智做法：只要有机会去做某件不确定但有可能取得成功的事，我就会去尝试。尝试得到的回报可能很少，但有时候也是巨大的。像买彩票一样，我这样碰运气的次数越多，就越有可能中头彩。莫尼什在《憨豆型投资者：高回报低风险价值投资方法》一书中，就描述了这种强大的哲理。用他的话来说就是，"中头彩，我赢。中末彩，我也损失不了多少。"

我在旧金山郊区这个会议中心里环顾四周，想想自己在这里做什么见鬼的事情啊。这就像是某种祭祀场合，两千来人聚集到一起。这个罗宾斯是个怎样的自我激励导师呢，他周围这些人群里又都是些什么三教九流的失败者呢？

罗宾斯是一个典型的粗犷加州人，差不多有七英尺高，激情澎湃的演讲极富感染力。很多听众在听的时候欢呼雀跃，大声喊出这样的话："是！是！是！我有力量变更好！"以及"加油！加油！加油！"

这敲响了我脑海里的警钟。难道罗宾斯只是一个拙劣的演员，自负而狂躁地在台上演出吗？难道他只是个讲述自己故事的白痴，慷慨激昂，却没有任何所指吗？我站在后排，很少参与他们的呼喊。但是几个小时之后，我不由自主地发现，他有些东西要教给我。

罗宾斯能赢得我的尊重，部分原因是他对自己动力的坦诚。有一次他告诉我们，"看，我是个和你们一样的美国人。我的动力就是要幸福、要成功，要过我所能达到的最好生活。而且和你们大多数人一样，我也想赚钱，想致富，想比现在更加富有。在我的做法中，有一大块是举办类似这样的研讨班。但是在想致富的同时，我更喜欢帮助他人。我知道，我可以教给你们一些有用的东西，它们比你们交的入场费更有价值。"

这是一个很好的例子，它反映了真诚的力量——发自内心地诚恳说话。他坦承自己的个人利益，让我在犹豫不决时决定支持他。所以我留了下来。

在某些方面，我最初的担忧是正确的。罗宾斯的研讨班其实是一种洗脑。反复大声呼喊一个事物，确实可以让人感到骄傲，通过反复重复，任何想法都可以被移植。这样做也有风险——原教旨主义者或政治极端分子正是利用了这些做法。但是在这个例子中，这种洗脑的出发点是好的，是为了帮助我们过上更好、更成功的人生。我完全赞同这种洗脑。

我们的意识会改变我们的现实，而我也开始看到罗宾斯带领我们重复的积极口号，是重构我们意识的有力工具。从那以后，我经常发现，我们必须在自己的未来发生之前预想到它。

研讨班开始的第一天晚上，罗宾斯就以令人难忘的方式叙述了人类意识的力量。他把我们煽动进入一种非常快乐与极度坚定的情绪中。在这种不一样的状态下，我们来到会议中心外边的一片草坪上，脱掉我们的鞋袜，赤脚走在一堆刚刚燃尽的红热灰烬中。我不知道为什么我们的双脚没有被灼伤。但是对于我们很多人来说，这是一次改变人生的体验。后来，我能看到人们的眼神发生了变化，他们的眼中像是燃起了新的烈火和激情——我自己也是一样。

这看起来或许像是变戏法，但是这二十步的火中漫步，创造了一个暗示，使我明白如何冲破自己的限制，建立更好的现实。这是一堂来自经验的课程，使我理解如何像罗宾斯所说的一样："人生可以在一瞬间改变。"某个时刻看似不可能实现的目标，在下一刻可能就完全能够实现，只要你愿意投入每一分意识、身体和灵魂去实现它。

那些牛津大学教授，他们费了那么大劲训练我逻辑思维的方法，如果他们看到这位激励演讲家对我的影响，一定会感到好笑和困惑。但在当时，我所接受的正式教育把我带入了职业死胡同，而罗宾斯的信息却正是我所需要听到的。

例如，罗宾斯灌输给我这样一种观点：如果你想要到达某个地方，不论它在何方，也不论你是否受到阻挡，"只要努力！只要前进，哪怕前进一点点！"这道理对很多人来说或许显而易见，是的，它对我也曾经是显而易见的。但是我对于停止分析的偏见，使我更容易在图书馆里自以为是，而不是去行动。罗宾斯使我相信，我必须打破消极的思维模式，努力克服我的恐惧，继续前进。

就像西奥多·罗斯福1910年在巴黎说的一样，"荣誉不属于那些批评家：那些指出强者如何跌倒或者实干家哪里可以做得更好的人。荣誉属于真正在竞技场上拼搏的人，属于脸庞沾满灰尘、汗水和鲜血的人。"

与罗宾斯畅谈之后，我开始如饥似渴地阅读其他励志专家的著作。在参加他的研讨班之前，我曾看到过一本书《人性的弱点》，当时不以为然。但是沃伦·巴菲特自己很推崇这位作者——戴尔·卡内基，认为对自己帮助巨大。事实上，巴菲特曾经说过，他办公室里的唯一一份证书，就是他成功完成戴尔·卡内基"高效演讲、领导力培训、赢得朋友和影响他人的艺术"的认证证书。我也曾同样鄙视拿破仑·希尔的著作《思考致富》，哪怕它曾赢得普雷姆·瓦特萨的青睐——他是费尔法克斯金融控股公司的首席执行官兼总裁，经常被称为"加拿大的沃伦·巴菲特"。

一时间，这些书籍成了我的人生指南手册。我阅读它们，不是为了学习晚宴上的社交礼仪，而是为了从中寻求能够裨益人生的有用见解。它们为我提供的教育，是迈向价值投资者和成为商业人士的关键第一步，为我揭露了一种更加实际的方法，思考人性，以及这个世界的真实运转情况。

例如，卡内基说，让一个人相信一件事的最好方法，就是迎合对方的个人爱好。例如，他谈到在向人们发表演讲时使用人们名字的力量，以及向对方表现出真诚兴趣的重要性。这些简单的见解，帮助我们改变了与人交流的方式。以前，我总是在努力展示自己的聪明才智，让他们看到我有多聪明，或者是诉诸理性思维。我那时候真是聪明反被聪明误。

我开始有意�用这些方法，试着给自己洗脑，养成通向成功的新习惯。我甚至改变了自己的说话方式。我不再说"我感觉自己病了"，而是说"我想要感觉更好些"。这听起来或许有些老套，但是保持积极态度非常重要，因为我们的意识会随着我们集中精力的聚焦点深入。中学和大学过于集中于培养我们的智力水平，以至于我们很容易忽略这些可以创造更幸福、更高效生活的简单方法。

在学习这些观念的同时，我还采取了实际行动，走出自己的低谷。我加入了纽约证券分析师协会，开始到世贸中心参加他们的午间讨论。我穿过祖科蒂公园走到那里，不再有时间与那些玩象棋的人消磨时光。

我还买来一些美国个人投资者协会的软件，来甄选本杰明·格雷厄姆类型"净收益"的股票。我把模拟证券投资组合汇总到Excel表格里，每周手动更新它们的价格。每当我看到自己选择的组合赢利大幅超过整体市场，我就会感受到一股兴奋。

我还订阅了价值线数据库，关注最新事件。其中，我发现一个叫作伯灵顿上衣工厂的公司，看起来股价便宜，它良好的长期财务记录打动了我。那是我购买的第一只股票。我沉迷于格雷厄姆的观点，股票不仅仅是一张用来交易的纸片，更是一家公司的部分拥有权。于是，我兴致勃勃地走访了该公司在纽约和奥马哈的商店，感觉就像是一个真正的资本家，自己的资金在真实的公司里运转。我当时对这家公司几乎一无所知，但是我持有了这只股票两年，并取得了一笔小小的收益。

与此同时，我开始发现，以巴菲特为代表的价值投资者有一个小的生态圈，他们有类似的思维方式和道德情操。他们恰恰是我在D. H. 布莱尔投行遇到的一些人的对立面：他们远离推销，而是专注于为股东的长期利益服务。我感到十分迫切的愿望，想要成为他们这个世界中的一员。一家这种类型的投资公司如同堡垒一般，在我的脑海里特别醒目，它就是特威迪-布朗公司，一家创建于1920年的公司。

我梦想能在类似这样的地方找到一份工作。所以我购买了该公司旗下的两款基金，然后询问，我能否去拜访该公司在曼哈顿的办公室。我希望他们能够聘用我，但是他们不需要分析师——起码不需要我这样的分析师。但是在走进那块神圣土地的时候，我还是感受到了兴奋的颤抖。我知道，十几年前，巴菲特的老朋友沃尔特·施洛斯就曾在这里工作，并取得了巨大的收益。

我再一次感受到了被拒绝的伤痛。但是他们很和善，送给我巴菲特的一篇经典论文《格雷厄姆—多德式的超级投资者》。我把它带回家，并在其中发现了另一家领袖级价值公司壮观的投资记录，那就是运营红杉基金的瑞恩·坎尼弗投资公司。1969年，巴菲特关闭他的投资公司，并将股东的钱退回时，他只向客户推荐了两家公司，其中就包括这一家。从1970年至今，红杉基金的净值增加了38819%，而同时期标普500指数的增长为8916%。

为了在那里找一份工作，我给瑞恩·坎尼弗投资公司写了一封信，并被卡莉·坎尼弗邀请到他们的办公室，她是公司的一位主管，也是公司一名合伙人的女儿。我对她深表惊讶。在她成长的环境里，格雷厄姆、巴菲特以及聪明投资是家庭餐桌聊天的常见话题，她也成了一名出色的分析师。

卡莉逝世于2005年，她慷慨大方，雍容高雅。哪怕已经知道他们不可能聘用我、我也帮不上他们什么忙，她依然带我参观公司，并把我介绍给她的同事们。通过这些行为，她表达了对我的真诚关心，我也深受触动。她还教给我一堂珍贵的人生课程：在人们的职业生涯早期，表达出对他们的友善和帮助很重要，哪怕他们并没有做什么事情值得你这样做。她看见了另一种人类灵魂，给予我信任，尽她所能帮助我这个价值投资者。

停留在这条轨道的一种方法，是购买红杉基金。这样我就能参加它每年春天在纽约运动员俱乐部召开的年会。但是该基金在多年前就不再接受新的申购了。所以我在易趣网上找了一个卖家，以500美元的价格购买了一股红杉基金，尽管当时这一股的净资产只有128美元。我随后又进行了增持。我希望能够终生持有这些股份。

对于我来说，目标并不是赚钱，虽然我猜测红杉基金会继续优秀下去。在人生中挑选一些具备你所崇尚的价值的人，确实不是件容易事。我们将在稍后详述，创建恰当的环境或人际网，有助于在竞技场选择方向时发挥微妙的作用，使你更容易获得成功。优势往往就是这样，在不易察觉的一点一滴中积累起来的。所以，我这种做法，对于进入瑞恩·坎尼弗投资公司这样的公司领域是有意义的。

很多持有红杉基金的人，同时也是伯克希尔·哈撒韦公司的股东，有的甚至还是伯克希尔公司的经理。结果，我遇到了卢·辛普森，巴菲特亲自挑选了他，负责把政府雇员保险公司的钱投资到股市，并一度称他为"我所知道的最佳人选"。

我接受再教育的另一块基石，是更加广泛、更加深入地学习巴菲特的投资策略。最好的办法，莫过于阅读伯克希尔·哈撒韦公司的年报。在还没有互联网的日子里，这意味着我需要给他们打电话，并在电话里把我的地址告诉他们。几天之后，我就收到了第一份伯克希尔公司的年报，信封是手写的，这有点出乎我的意料。

在D. H. 布莱尔投行，我审核过很多商业计划，里面充斥了华而不实的报表，以及报喜不报忧的预测。伯克希尔公司的年报却是平装的，它的亮点在于巴菲特写的一封坦率、毫不浮夸的、容易理解的信。报告中还有一张表格，展示了该公司股票账面价值的年度增长。它是纯粹的信息，而不是刻意造假的数据，也不是为了掩饰真相而印在蜡光纸上的漂亮图片。

我从未见过这样的年报。它的设计，只是为了吸引那些出于正确理由认真读它的股东。我曾以为，商界就是一个比嗓门的地方，只要喊的比下一个家伙更大声，就能得到关注。但是巴菲特热情的双手，伸向了那些不受噪声干扰的人们。

在反复阅读伯克希尔公司的历年年报合集的同时，我的思维渐渐开始与沃伦·巴菲特趋同。我知道这听起来有些奇怪，但是每当我像他一样行动的时候，我似乎就能感觉到他在对我微笑；每当我偏离这条道路的时候，我似乎就能感受到他在厌恶我。这并不是偶像崇拜。我只是选择了一位老师，他已经发现了真理，而我依然需要学习。

这里有一条扬名投资界之外的真理。我想要告诉你的，或许是我这几十年学习探索所发现的最重要的秘密。如果你真的运用了它，我可以确定你的生活会更好，哪怕你忽略了我写的其他所有内容。

我苦苦探索的就是它。竭尽全力，弄明白怎样才能过上和他一样的生活，我开始持续问自己一个简单的问题："如果沃伦·巴菲特遇到我的处境，他会怎样做？"

我不是坐在咖啡厅品尝卡布奇诺的时候，无聊才问这个问题的。我当时坐在办公桌前，大胆想象自己就是巴菲特。我想象如果他是我，坐在我的办公桌前，他要做的第一件事是什么。

罗宾斯称这个过程为"模仿"我们的英雄。关键在于要尽可能精确，尽我们所能描绘出他们思想和行为的细节。他教给我们的一种相关技巧叫作"镜像匹配"，这可能导致你改变走路或呼吸的方式，与另一个人走路或呼吸的样子相匹配。根据我的经验，你会开始体会到他们的感受，甚至会和他们一样思考。

这看起来或许有几分怪异，但是模仿的能力是人类进步的最强大方式之一。想想孩子们是怎样模仿他们的父母的。鉴于这是人类的一种自然天性，认真选择我们模仿的对象就很重要。事实上，他们甚至不必是当今的活人。就像查理·芒格曾经解释的一样，"如果你在生活中与有正确思想的已故名人交朋友"，那也有用。

我很幸运，这不是一本科技类书，所以我不必证明或解释这道理背后的科学原理（如果有的话）。但是我可以拍着胸脯告诉你，主观地来说，这对我有用。当我开始模仿巴菲特的时候，我的人生就得到了改变。就好像我进入了另一个频率。我的行为方式发生了改变，不再四处碰壁。

然后你该怎样运用这些观点呢？我们都知道，导师可是个大人物。常常有人叮嘱学生和年轻学者要寻找导师，而我们更加需要寻找自己的人生导师。如果你心目中的英雄触手可及，那当然很好。但我的不是。巴菲特并没有坐在奥马哈的办公室里，等候一个从臭名昭著的D. H. 布莱尔投行出来的家伙的电话。谢天谢地，这没关系。通过坚持不懈地向他学习，然后想象如果他遇到我的处境会怎样做，我还是能够得到以他为导师的大部分好处，甚至是全部益处。

想象自己就是巴菲特，我还开始研究他投资的证券组合中的公司，希望通过他的眼光来看穿它们，理解他为什么买入它们。我列出了他历年持有的主要股票，其中包括可口可乐、大都会公司/美国广播公司、美国运通公司，还有吉列公司。这再一次给了我那种神秘的感觉，感觉巴菲特在对我微笑。

然后这些公司年报都寄到了我的手上。我至今还能清晰地记起，当年阅读大都会公司/美国广播公司时的感受。在此之前，我从未仔细研究过这种成功媒体公司的账目。当我看到现金流量表时，我几乎不敢相信自己的双眼。这家公司的资金太充裕了，而其损益表并不足以充分传达这部强大的造钱机器的无限可能性。我作为投资银行家的时候，见到的大部分公司要么是圈钱，要么是夸大自己的赢利能力。我感觉自己像是又读了一次工商管理硕士。

随后，我决定参加伯克希尔·哈撒韦公司的年会。通过一位朋友的朋友，他当时已经是该公司的股东，我弄到了一张门票，还不知道出席大会的有哪些人，就匆匆飞往奥马哈。

我感到自己有一种无法遏止的冲动，想要去看一看凯威特大楼，那里是巴菲特办公的地方——也是奇迹发生的地方！我租了一辆车，怀着儿童般的天真，路过他那舒适而又平凡的房子。我还到他最喜欢的戈瑞餐馆吃饭，和一群伯克希尔·哈撒韦公司的股东坐在一起，他们也是第一次来到奥马哈。在投资领域，我离开旷野，跨越红海，找到了我的应许之地。

那一年在奥马哈，有两次见面令我特别难忘。一次是罗斯·布朗金，一位来自俄罗斯的犹太移民，1937年，她用从兄弟那里借来的500美元，创建了内布拉斯加家具市场。她把它发展成了美国最大的家具公司，1983年，伯克希尔公司仅仅根据一次握手，连她的账目都没有审计，就以5500万美元的价格购买了该公司90%的股份。巴菲特后来宣称，"与顶级商学院的顶级毕业生或者《财富》500强公司的首席执行官相比，假设有相同的资源和起点，她将比他们好得多。"

当我见到布朗金女士的时候，她已经是101岁的老人了。但是她依然是一股不可阻挡的力量。她驾着一辆马车，被崇拜她的粉丝团团围住，显然不胜其扰。当我得到一次机会时，我看着她的眼睛，粗鲁地问道："那个，巴菲特告诉我你卖地毯，能不能给我一个折扣价呢？"她的眼神瞬间变得喜悦起来，"啊哈，"她回答道，"你真的是顾客吗，还是和这些人一样，只想套我几句话？"

那一刻，我理解了巴菲特对她的尊敬。她在任何时候都全身心投入自己的生意，而且非常坦率。95岁那年，她曾试图退休，但是很快又重返工作岗位。她的人生格言是："售价低廉，讲真话，童叟无欺。"就像我的人生中需要沃伦·巴菲特一样，巴菲特的人生也需要这种人。几十年以来，他一直在营造这种环境。我只是刚刚开始营造自己的环境，并开始学习辨别需要纳入这个环境的人物类型。

另一次，是在年会开始前一会儿，与巴菲特本人的邂逅。当时我正在去洗手间的路上，意外看到巴菲特从洗手间出来。他微笑着对我说，"开会前我总是有点小紧张。"然后他就走了。

当我最终单独见到巴菲特的时候，不由想起当时在哈佛读书时，我完全都懒得听他讲话。现在却连在洗手间门口见到他都激动不已。

鉴于他的巨大成功，我有时候会希望他是一个遥远的形象。我没有想到，他面对一个毫不相识的陌生人，竟能有如此风度，实话实说。我从此能看到他对股东们的满腔善意。在整个会议期间，我还看到他没有任何自吹自擂，装腔作势。他表现得真实诚恳。

受罗宾斯和巴菲特的鼓舞，我感受到了越来越多的机会。我不再感觉每一扇门都是关着的，渐渐开始意识到有前进的可能。我是如此着迷于价值投资，希望有人能够聘用我担任股票分析师。但是我依然没有找到工作。

后来，踏破铁鞋无觅处，得来全不费功夫，1996年，我父亲从伦敦家里打来电话，建议让我为他管理一些钱。那时候，由于我曾在D. H. 布莱尔投行工作的污点，他或许是唯一一个信任我的人了。我的父亲西蒙·斯皮尔，生于以色列移民到德国的一个难民家庭，他曾创建了一个小而成功的公司——蓝宝石化学产品公司，公司主要销售保护棉花的产品。他看到了我对投资的兴趣不断变得浓厚，并对我说，"盖伊，如果你再不开始靠你自己，你就是个彻头彻尾的傻子。"

这促成了我的开端。他最开始委托我管理一百万美元。在之后的一年里，他追加了更多的投资，他的两个生意伙伴也跟随他加入。后来，这个基金的净值增加到了1500万美元。我将之命名为蓝宝石基金，感觉自己多多少少是重新加入了家族生意。这个基金于1997年9月15日开始公开交易。

在很长一段时间里，我总是希望能够掩盖或者模糊自己的这段经历。我很想向这个世界证明，我的成就完全是靠自己获得的，依靠父亲的帮助起步似乎是不公平的优势。但是我感激这个机会——并畏于肩上的责任。在几年时间里，我从一个极度崇拜巴菲特的人，成为管理我父亲大部分终身积蓄的人，还管理了一些朋友和亲戚的资产。

但是就是在这样的帮助下，我的成功概率依然很小。大部分对冲基金的生存时间不会超过18个月，没有足够的资金达成规模，很难熬过这一关。和大多数对冲基金一样，我开始收取1%的管理费，并提成20%的净收益。为了减少开支，我在纽约的公寓里运营基金。

这是一个不错的开端。但是我感到，我终于开始做自己此生注定要做的事情了。现在，真正的考验开始了：我能否成功运用各种理论，用它们去实现难以达到的目标，取得长期的、震惊市场的收益呢？

4

深陷纽约旋涡

THE EDUCATION
OF A VALUE INVESTOR

于是我开始为朋友和家人管理资金。我已经30岁了，相对缺乏经验。但是我也做对了几件事。它们有些是有关需要避免的事项。

沃伦·巴菲特经常强调，要把所有鸡蛋放在一个篮子里，然后非常小心地守护这个篮子。一件令我感到惊骇的事情是，我曾太多次看到华尔街把很多鸡蛋放进多个篮子的做法。甚至连声誉好的共同基金公司都做过这样的事，同时销售多只基金。那些表现好的基金可以从投资者那里募集更多的资金，而那些表现不好的基金，要么被关闭，要么被合并进表现更好的基金里。在这个过程中，失败的基金被埋葬了，好像它们从来没有存在过一样，而成功的基金则得到了凸显。

我在D. H. 布莱尔投行也看到了类似的事情。在那里，经纪人把不同客户放入不同的股票中。客户的账户如果下跌，那么这是一个亏损事件，但那些盈利的客户账户则有利于带来更多生意。与此类似，一些投资资讯的发布者会把他们的邮件发送名单分为几段，以不同的标题把不同的预测发给不同人。这样，他们就可以利用收件人中业绩表现好的那部分客户。

不论是过去还是现在，这类诡计都令我感到恶心。我决定，在我的整个投资生涯中，我都将只运作一只基金，这样我就只有一份跟踪记录。如果这只基金的长期表现很糟糕，大家就会一目了然；我自己不会有任何可以掩饰的地方。

同样重要的是，我家人的钱和投资者的钱在同一只基金里。当然，我已经把自己100%的资产投入了蓝宝石基金。这样做的结果是，我会真正自食其果。这种把我自己的利益与股东利益结合在一起的做法，无疑是非常重要的。这不是我的推销词，我只是直截了当地指出，这种做法对良好的投资是有益的，因为它能使我聚焦于一款证券组合，而不是聚焦于分散的利益。在这点上，我有意模仿巴菲特，他几十年来一直将投资精力专注于伯克希尔·哈撒韦公司。

但是在其他一些方面，我还是偏离了他教给我的原则。例如，我应该仿照他对前伯克希尔投资合伙人收取的费率结构。他不收取年度管理费，但是当净收益超过6%时，拿走净收益的四分之一。这是一种不同寻常的收费结构，但是它是我所见到的投资者与股东之间的最好分配方式。它真正贯彻了用股东的钱去共同挣钱，而不是从他们身上剥削的原则。如果管理不善，基金经理将分文无获。

尽管如此，在蓝宝石基金刚成立的时候，我还是选择了标准的纽约对冲基金费率结构。这意味着我将收取1%的年度管理费（不论我这只基金经营得有多差，股东都要付给我这笔费用），外加20%收益的激励费。

为什么我要这样做？为了让基金正常运转，我身边必然会有一些律师、经纪人以及一些其他顾问，他们都想要告诉我，这里的游戏规则是怎样的。对于他们来说，我采用巴菲特1950年代的特殊费率结构，是一种怪异的想法。他们希望保护我，解释说我需要这种稳定的收入；他们不相信，有人能够靠完全不可预测的激励费生存下去。他们没有看到的是，这种1%的年度管理费+20%收益的激励费的费率结构，其实是微妙地割裂了我与股东的利益。我最终被他们动摇妥协了，但是当时在这件事上，我本应更加坚持的。

我还想效仿巴菲特的做法，每年只允许投资者赎回一次资金。这有助于基金经理的长期投资，对股东也是有利的。它还能安抚他们的心理状态，因为他们不会总想着基金在做什么，是不是应该卖掉。毕竟，对于证券市场的投资者来说，冷静和耐心往往是最明智的选择。出于同样的原因，我发现不要天天检查手上证券的价格反而更好（或者不要周周检查），因为这样很难保持长期注意力。

但是无论如何，我的顾问们还是认为这种赎回政策是荒谬的。他们坚持认为，我应该允许投资者提前30天预约赎回。麻烦在于，这意味着基金经理总要担心，股东有可能突然撤回他们的钱。后来，在2008年市场崩溃的时候，这种费率结构性错误被证明了是非常脆弱的。

坚守立场失败了，我做出了有条件的让步，承认这些做法都是纽约对冲基金圈里的成熟经验。整体的制度环境令我很难继续坚持己见。尽管我出于好意，但是还是落入了一个俗套的陷阱：**盲从大众永远比标新立异容易**。它给了我一种错误的舒适感，觉得这就是"业界标准"，即便我已经错过了创建最理想费率结构的机会。

但是为时已晚——当我遇到莫尼什·帕伯莱的时候，以及金融危机袭来的时候，我才认清，如果我当时尽可能地效仿巴菲特的合伙人费率结构，该有多好。这些错误的妥协并非罪大恶极。但是当我回顾自己的投资生涯时，看到自己这么快就让自己偏离了在奥马哈学到的经过时间考验的智慧，还是感到伤痛不已。

我本可以做得很好，交出一份完美答卷。虽然我的成绩还算差强人意，但是在投资领域，这些细微的差别非常关键，虽然是很微小的结构差异，但最终能够带来巨大的收益差异。长期组合是投资者的最好朋友，所以为什么要挡它的路呢？在最开始的时候，把这些看似轻微的细节做对了，就会带来巨大的收益。

但是问题在于，纽约金融世界的旋涡有扭曲的价值观和诱惑，你很容易被卷入其中。我感觉我的意识还停留在奥马哈，而且我相信自己能够运用才智的力量，超脱于自己的环境。但是我错了：我渐渐发现，我们所处的环境比我们的才智更强大。只有极少数投资家——不论是业余的还是专业的，能够真正理解这个关键点。伟大的投资家清醒地把握住了这种观点，比如巴菲特（他离开纽约回到了奥马哈）、约翰·邓普顿（他定居在巴哈马），以及塞思·卡拉曼（他居住在马萨诸塞州坎布里奇市），我却花了很长时间才学习到这一点。

那时候，我曾考虑过一个人搬去奥马哈，但我在纽约有很多关系，这让我愿意留下来。但是，在开始管理基金之后的几年里，我尽量让自己远离纽约的圈子，远离华尔街。我高高兴兴地把自己隔离在第66西大街一居室的公寓里，后来又搬过三次，都是非正式办公场所。

其中一个是位于第58西大街的公寓，莫妮卡·李文司盖是我的邻居。另一个是第55大街的一个两室公寓，捷兰航空的创始人戴维·尼尔曼是我的邻居。我曾读过他的故事，他和我一样，有过少儿多动症，但他还是努力建成了一家成功的公司。我发现有一点毫无疑问：有他这个邻居在身边，可以经常提醒我，我也能够跨越自己的艰难时刻。作为投资者，我们都有缺点。但是我认识到，关键是要接受我们自己，理解我们的不同和局限，并找到改变它们的方法。

与此同时，虽然没有寻找正式的办公室，生活依然很美好。基金规模依然不大，但是我的投资回报相当好。像达夫&费尔普斯信用评级公司这样的优质股票带动了整个基金的表现，该股票价格翻了七倍。这完美描述了我从巴菲特那里学到的知识：**寻找便宜的公司，寻找有宽广"护城河"的公司，寻找现金充裕的公司。**

在1990年代后期很多人沉迷于高科技泡沫的时候，我丝毫不为所动，部分是因为我像巴菲特、瑞恩·坎尼弗投资公司、特威迪-布朗公司一样，是一名头脑冷静的投资者。他们的共同感觉，保护我远离了高科技狂热。这再一次证明，环境胜过了才华。

五年以后，我的基金在市场上已经是鹤立鸡群。外界的投资者缓慢而稳定地把他们的积蓄交给我。最后，蓝宝石基金管理的资产超过了5000万美元，人们开始关注我。我对华尔街不感兴趣，但是华尔街对我感兴趣。

我周围挤满了各种各样想要接触我的人。有人希望我能够聘请他当律师或者分析师，有人想要把一项投资搜索服务高价卖给我，有人想做我的经纪人，有人想让我雇用他们去推销基金，以吸引更多的资金。

这些人希望我或许是下一个克里斯·霍恩或者比尔·艾克曼，这两个人曾快速赢得公众认可，成为我们这一代人当中最聪明的投资明星。而且这些人们敢打赌，只要我照他们的希望（或者希望的想法）去做，就一定能赚钱。毕竟，我也曾和克里斯、比尔一样在哈佛商学院就读过，所以他们觉得我也适合他们那样的路线。

我遭到了危险的奉承谄媚。更糟糕的是，所有这些关注都产生了一种效果，激发了我内心的大男子气概——求胜心切的激情和睾丸激素，之前当投资银行家的时候，我从未感受到自己体内还有这些力量。说到底，如果所有这些市场营销专家、雄心勃勃的分析师、律师和经纪人都拿我和比尔、克里斯相比，我自己为什么不能做同样的比较呢？我还记得他们有人告诉我，我应该操作50亿美元的资金，而不是5000万美元。在某种程度上，似乎是我的男子汉气概不够强大。

那时候，比尔和克里斯正在变得愈加强大。根据他们的主要收益，他们操作的资金已经超过了10亿美元，而我依然微不足道。不久以后，我感觉自己对规模和地位有一种深深的、贪婪的需求。那可怕的绿眼睛魔鬼已经在我心里占据了上风，而且我也已经被嫉妒之心搞得身心疲惫。

这是很多矛盾中最简单的一种，但是它代表了我的纽约旋涡的一个关键内容。我从未如此深刻地体验过嫉妒的滋味，我当时也没有察觉出来。但是它的确是嫉妒。

巴菲特和芒格曾开玩笑说，嫉妒是七宗罪中唯一没有丝毫乐趣的罪恶。"嫉妒是疯狂的，"芒格补充说，"它是100%的有害无益……如果你尽早将这些东西从生活中去除，生活就会更美好。"

在我看来，嫉妒还是一种忽视我们自身险境的情绪。在金融市场中，嫉妒是沉默的杀手：它诱导人们走上邪路，如果他们更加忠于自己就不会这样做。例如，投资者看到他们的朋友从已经被疯狂高估的高科技股票中大赚特赚，结果就在泡沫崩盘前夕跳入火坑。警觉我们内心中这些情感力量的膨胀非常重要，因为它们会扭曲我们的判断，扰乱我们做出理智决定的能力。正如一句古老的犹太谚语所说："谁强大？他是能够控制自己激情的人。"

本·格雷厄姆很好地写出了市场先生的不理性。我们需要认识到，这种不理性是我们人之常情不可避免的一部分。作为价值投资者，我所接受的教育的一个关键方面就是，学习检查我自己心中这些情感脆弱点，然后再改进策略，防止它们颠覆自我。**这个自我校正的过程，始于自我认知。**

出现这种情况的原因在于，投资会暴露我们的心理缺陷——不论它是贪婪、渴望权力和社会地位，还是其他缺点。在当时，嫉妒是我最大的弱点之一。鉴于我并非"百里挑一"的人，而是普普通通的凡人，我应该为自己的运气感到高兴。我能够自己掌控我的时间。我可以在自己喜欢的地方生活，选择自己喜欢的时间、地点度假。还有人帮我做我不喜欢做的事情。

但是在纽约或者伦敦这样的地方，问题在于，那里总有很多人比你做得好。我的办公室没有透亮的落地窗，也看不到曼哈顿岛的完整轮廓线。我比不上克里斯·霍恩在梅费尔区的办公室高雅，那里是伦敦的对冲基金中心。我漂亮的住宅坐落在西部最漂亮的街道之一，但是缺少比尔·艾克曼在中央公园那里的绿化景观。

我想在对冲基金游戏中取胜。不论正确与否，我坚信自己和同行们同等聪明，但自己并没有站在业界顶峰的事实，在不断地侵蚀我。只是做得好似乎还不够。

我决定营销我自己，但是我不知道怎样做。在那些难得的机会中，每当我遇到一位潜在投资者听众，我就会紧张，重复我在大学时候的行为，一口气快速说出一连串想法，希望给对方留下深刻印象。有时候，我发现自己想用一些花哨的拉丁词语在人们面前炫耀，比如"ceteris paribus（如无其他情况）"和"sine qua non（必要条件）"等，像是在牛津大学一样，希望他们能够看到我的优点。

但事实上，我根本不必庸人自扰，追求这种毫无意义的增长，它主要是由我的自负所驱动的。这只基金运营得很好，而且我的家人向其中投入了很多钱，所以我不需要浪费时间去从外界投资者那里吸引更多资金。我的嫉妒诱使我背叛了自己，因为我想要人们看到我和比尔和克里斯一样，管理着几亿美元的资金，甚至几十亿美元的资金。如果我当时利用那些时间，挑选最好的股票，让我的业绩自己说话，显然会更好。

我还以同样可笑的其他方式，陷入了纽约旋涡。我在卡内基大厦租了一间豪华办公室，一下子猛然将我每年的房租从6万美元提高到了25万美元。我租了一台彭博资讯终端机——这相当于吸食信息方面的一流可卡因——每年租金2万美元。我还聘请了一位首席运营官、一位分析师，以及一位很厉害的律师。这些事实说明，嫉妒和骄傲是代价昂贵的缺点。

但是这样做，不仅仅能赢得他人的认可，它还让我自我感觉良好，感觉自己拥有了成功的标志。我需要知道我在顶端，所以我才不断地追求这些错误的崇拜物。我父亲明智地问我："你为什么要做这些事情？为什么你想要当一名对冲基金超级巨星？"

当然，我做对了很多事情。比如，我没有拿股东的钱玩轮盘赌，我谨记巴菲特教诲的投资第一原则"不要赔钱"，以及第二原则"不要忘记第一原则"。我秉持相当规避风险的方法，良好管理这只基金，特别是在高科技泡沫崩盘时期。但是我想，把我犯过的错误分享给你们，比过度宣扬我做对的事更有帮助。正如芒格说的一样："我喜欢那些承认自己完全是个蠢货的人。我知道，如果我能常常提醒自己犯过的错误，我就会做得更好。这个奇妙的诀窍值得学习。"

我在纽约那段时期，有很多事情感到后悔。但是我做出了一个被证明是非常有益的决定：我开始在自己周围建立一个"大师思维"的投资家群体圈子，这些人会成为终身好友、值得信赖的参谋。单纯依靠自己取得成功，即使不是不可能，也是很难做到的。最伟大的歌剧明星都有歌唱老师，罗杰·费德勒也有教练，巴菲特也定期与有相似思维的人会谈。

我们自称"志同道合"的论坛，大家每周见一次面，讨论股票。其中包括类似戴维·艾根、肯·叔宾·斯坦、斯特藩·罗森、格雷·唐这样的投资家，偶尔还有比尔·艾克曼。通过这种交流，我还结识了乔尔·格林布拉特，并成为价值投资俱乐部的一员。"志同道合"论坛每周的一个早上召开一次，我们至少要有一个人准备一个股票点子，其余人会对这个点子进行讨论分析。这扩展了我的知识，是我在任何教科书或者工商管理硕士课程中都学不到的。我们不仅学习有关投资的内容，还对彼此有了更深的了解——我们的动机是什么，或者不是什么。

"志同道合"论坛不仅产生了友谊，从纯粹投资的角度来看，这些盟友同时也成了力量的源泉，因为我们常常会彼此找对方。如果我给其中一个人打电话，和他商讨一个想法，那么不仅我会看重他们的见解，我对他们的了解还会帮助我评估他们给我的信息。我们相互了解彼此的偏好和筛选习惯，这一点很重要。

就有一次难忘的经历，这个团体挽救我脱离了自己的错误，让我更加认识到，以开放的态度面对他人观点的益处。

当时，我发现了一个我认为非常棒的公司，它叫作美国联邦农业抵押放款公司。我寻找投资机会的一种方法，是研究大师们的做法，然后挖掘我是否应该买入同样或者更好的同类股票。巴菲特对房地美进行了大量投资，并持有房利美的很多股票。这两家公司在后来都陷入危机，但在当时，这两家是非常好的企业。它们的核心资产是美国政府潜在的信誉、支持和信用，这意味着它们能够以几乎零风险的利率借到钱。我要寻找一家有类似优势的公司，于是找到了联邦农业抵押放款公司——一家政府主办的美国农业板块小型公司。它对我来说就像是一块未被前人发现的同类宝石。

2003年，我邀请该公司的管理人员到"志同道合"论坛发表一次演讲。

之后，著名的对冲基金经理人、作家、电视评论员惠特尼·提尔森与比尔·艾克曼分享了我对这家公司的想法。比尔从哈佛商学院毕业后就职于一家名叫纽约合伙人的投资公司，是一个睿智的分析师，有超群的天赋，能够看到其他投资者忽视的东西。

几周之后，在一次"志同道合"早会结束后，比尔叫住我说，"盖伊，我想和你聊几句。"我知道他向来慷慨大方，喜欢给朋友牵红线，我觉得他可能要给我安排一场约会。但实际上，他是听说我持有联邦农业抵押放款公司的股票，想告诉我更多有关该公司的信息。在惠特尼提到我对这家公司的兴趣之后，比尔熬夜到凌晨四点搜索这家公司的有关信息。第二天早上，他打电话给惠特尼，感谢他提供了"我所遇到过的最惊人的机会"。但是最终，比尔没有买入这只股票：他看空这只股票。换句话说，他当时认为联邦农业抵押放款公司会崩盘。

我们一起穿过了大约20个街区，走到他在市中心的办公室，比尔一路上给我解释，为什么他认为我判断失误，为什么他建立了大量空头头寸。他认为这只股票不但会崩盘，而且会跌到零。他继续向我解释，为什么联邦农业抵押放款公司不同于房地美和房利美。我听得晕头转向。他看到我还没有完全理解他的意思，就请我到他的办公室继续谈。在那里，令我大吃一惊的是，他展示给我整整一个书架，摆满了十几年来联邦农业抵押放款公司的打印文件，上边贴着注释和便签。他还打印了该公司证券化的很多档案。

乍看起来，它们很像房地美和房利美的证券化。但是，比尔解释说，它们实际上有很大差异。在房地美和房利美的情况中，每一只证券往往都包含了成百上千套的独户住宅。而在联邦农业抵押放款公司的情况中，很多证券往往只包含了少量的农场债，而且各个都有不同特点。比尔的看法是，这并不是适合证券化的资产，它实际上更像是定期商业贷款。在他看来，这些债务的风险远远超过它们的表象，这家公司非常容易破产。

我找到一个机会对他说，"但它是政府主办的公司。它就像是联邦政府的一个分支机构。"比尔回答说，"盖伊，你太相信我们国家的政府机构了。"

很快到了午饭时间，我发现自己开始纠结，又想留下来继续向他学习更多，又有一股冲动，想要冲回我的办公室卖掉那些股票。哪怕比尔是错的，至少有一点是明确的，那就是我对联邦农业抵押放款公司的了解并不充分，不适合持有它的股票。这是一个重要的启示：很多时候，我们专注于分析，但分析方向完全错误，因而错过了一些关键信息。所以接受我们可能出错的可能性至关重要。在我们的慈善午餐中，巴菲特严肃地看着我，说出了他的投资分析："我从不犯错。"对于他来说，这或许是真的，或者差不多是真的。但是就像对冲基金经理人莉萨·拉普阿诺曾说的一样，"我不是沃伦·巴菲特，你们也不是。"

那一天，我卖掉了手中三分之二的股票；第二天，我又清仓了剩余股票。幸运的是，我卖出的价位是盈利的。

随后，我协商与联邦农业抵押放款公司的首席执行官和首席财务官安排了一场会面。在一个阴雨的秋日下午，我在佩恩火车站与比尔和惠特尼会合，乘坐阿西乐特快列车前往该公司在华盛顿的总部。公司管理团队已经准备好了一场标准的投资者见面会，其中强调了该公司与房地美、房利美的表面相似性。在播放了一两张幻灯片之后，比尔举起手来说，"不好意思，我们不需要浏览你们的幻灯片。我只想问几个问题。"

他随后讲出了他之前告诉我的观点。公司管理团队不能也不想回答比尔尖锐的问题，他们显然很生气。那位首席执行官说，"这个公司或许不适合你们。"我感到非常震惊，他竟然没能想出更有力的回应。

一周以后，我也做空了这只股票。这是我有生以来仅有的三次做空之一。这种做法并不符合我的天性。但是在我看来，管理人员的回答印证了比尔的正确性。后来，他告诉我，他们甚至拒绝他参加公司的季度电话会议。

我开始着迷于做空一只股票的整个战斗。我自己参加了那些电话会议，并提出了一些准备好的尖锐问题，指出公司的弱点。我决心让其他投资者也看到该公司光鲜表面之下潜藏的风险。我还向《纽约时报》解释了这些担忧。这些信息都是真实有效而且重要的，投资者也有权利知道，这家公司比他们想象的风险要大。但是，这种自以为是的愤慨并没有反映出我自己有多好。

回顾起来，我感觉自己当时好像迷失了方向，自己的做法像是一个卑劣的暴君。作为一个投资者，我的目标是为股东赚钱，而不是发起不必要的斗争，也不必让自己站在道德的制高点上充当复仇的十字军战士。我不是批评其他想要这样做的基金经理。但是这不是我的人生角色，而且我认为它分散了我的精力，弄脏了我的双手。

不久之后，我就得到了报应。《华尔街日报》发表了一篇文章，认为很多基金经理可能在合伙操纵他们看空的股票股价。这些股票包括美国城市债券保险、联合资本公司，以及联邦农业抵押放款公司。艾略特·斯皮策当时是纽约州的司法部部长，他发起了一项调查，如美国证券交易委员会做的一样。他们希望知道，文章中提到的基金经理是否参与了散布有关这几家公司的不实信息。

我也被卷入了这场调查，还有比尔和著名的对冲基金经理大卫·艾因霍恩。这场调查毫无结果，但是它给我们带来了压力，分散了我们宝贵的精力，因为我必须去寻找大量信息回应调查者的调查提问。在金融危机中，这三家公司的股票都崩盘了，验证了比尔的分析。联邦农业抵押放款公司最终给我们的做空带来了巨大收益。

尽管如此，我还是希望自己当时卖掉那些股票就走开，尽管做空能带来收益。我发现，人生太短暂，没有时间处理此类冲突，而且这些投资收益还不够头疼的。这听起来或许有些奇怪，我还想，我们在对别人指手画脚时，或者以专横的态度做事时，常常会给自己带来厄运。根据我的经验，多关注积极方面，作为一股追求美好的力量，好过让自己卷入不必要的战斗。我想知道，艾略特·斯皮策当年不遗余力地把别人拉下马，后来自己却脸面丢尽，不知道他是否也发现了这条真理。

我渴望找到一条更简单、对我的心理健康更友好的道路。在纽约，我渐渐偏离了航线，让自己被一系列不必要的扰乱因素所俘获。但是我开始认识到，我不需要理想的办公室，我不需要吸引更多资金到我的基金，也不需要以此来向他人（以及我自己）证明我是个大人物，我也不需要伴随做空股票的烦恼和嘲讽。

换言之，我现在已经充分理解了什么不适用于我。但是我还需要寻找更好的方法。我当时还不知道，我将遇到两位投资大师，他们会帮助我指明正确的方向。

5

遇见投资大师
莫尼什·帕伯莱

THE EDUCATION
OF A VALUE INVESTOR

在我作为投资者的早期，我想成为超级巨星，让别人认可我的聪明才智。从天性来说，我是个糟糕的推销员，但是我开始明白，我需要学习这些东西。我开始探索怎样营销、怎样更有效地推销自己。但是结果出乎意料的奇怪。我所学到的营销技巧，会改变我的为人，这个改变太大，所以我索性完全不再考虑推销自己。

我曾在哈佛学过营销。但是我真正开始接受这个领域的教育，是在参加红杉基金年会的时候。我在那里与一位友善的美国商业精英成了好朋友，他叫约翰·李驰特，同时是伯克希尔·哈撒韦和红杉基金的投资人。他送给我一张CD，是查理·芒格于1995年在哈佛商学院发表的演讲，探讨人做出错误判断的24个原因。

我很快意识到，自己得到了一个丰富的智慧源泉，在其他任何地方都找不到，我决定尽可能多地听这个讲座。它很快取代了托尼·罗宾斯录音的地位，在一段长达18个月的时间里，那是我的汽车音响系统里唯一的一张CD。芒格有一种惊人的思维能力。莫尼什·帕伯莱曾和他在一起相处过，他后来告诉我，查理是他所遇到过的最聪明的人——甚至比巴菲特还要聪明。此外，芒格还惊人地掌握了多种不同学科的知识，在这个演讲中，他提炼融合了心理学、经济学以及商业知识，给我带来了很大的冲击。

例如，他提到"额外的生动证据"会扰乱我们的思维。在高科技股票疯狂上涨的时候，一位投资者看到雅虎的股价飙升，又听CNBC说，投资这些热门互联网的每一个人都发财了。这个投资者大脑中卑劣的一面，就会对这个额外的生动证据产生非理智反应，使之很难理解，这个股票价格已经不能反映公司的固有价值了。这种原始思维深深地嵌在我们所有人的头脑中，原始人在面对野兽或者火灾的时候，它是有益的，但不幸的是，它不适用于分析股票市场的细微差异。

芒格还解释说，当几种错误判断同时发生的时候，会发生一种"光环效应"。例如，如果一位投资者看到亲戚朋友从互联网股票中赚钱了，它就提供了一个"社会证据"，这些投资是值得赌一把的，因为不可能很多人都错了。此时，和蔼可亲的经纪人也打电话来推荐这些股票；他是如此友好，而我们都有一种"盛情难却"的心理倾向，使得这位投资者更难以抗拒他的建议。

想要抵挡这种扭曲理智思维的光环效应，对于专业投资者来说都难以做到，就更遑论新入市场的业余爱好者了。我们都希望自己是免疫的，但这些力量太强大，它们总是在颠覆我们的判断。在这类让我们出错的错误判断中，这只是两个简单的例子。事实上，常常会有很多类似的情况同时发生。

芒格帮助我们理解这些思维中的误区，我开始看到这些模式充斥在自己身边。同样重要的是，他在演讲中提到了罗伯特·西奥迪尼，这位著名学者写了一本书《影响力》。芒格说，西奥迪尼的书"填补了他自己粗糙的心理学体系的很多漏洞"。

每一年，在5月的第一个周末，我都会去奥马哈朝圣，参加伯克希尔公司的年会。我一般会住在离公司总部很近的奥马哈万豪酒店。在开会的前一天晚上，芒格会在那里主持一场私人晚宴。我曾站在酒店大厅里，陶醉地看着他选择的嘉宾走过——这些嘉宾包括比尔·盖茨、阿吉特·贾因以及罗伯特·西奥迪尼等人。这强化了我对西奥迪尼重要性的感觉，所以我反复阅读了他的著作，认真咀嚼他的观点。

西奥迪尼对我影响最大的是他讲的一个离奇故事，一位雪佛兰汽车推销员，乔·吉拉德，他坚持向数以千计的老顾客定期寄节日贺卡，并在每张贺卡上印着"我喜欢你"的字样和他自己的名字。这种亲自祝福产生了令人难以置信的效果：吉拉德在吉尼斯世界纪录中赢得了一席之地，因为他在15年里卖出了13001辆汽车。就像西奥迪尼所写的一样，"我们人人都爱听别人拍马屁""我们倾向于相信他人的赞美，以及赞美我们的人"。

这种观点深深地吸引了我。事情真的如此简单吗？难道只是利用这种"喜好"原理吗？我有一股走极端的冲动：如果一种想法让我产生了共鸣，我不会草率对待——我会深深地热情拥抱它。所以我决定，我每个工作日要写3封信，或者每周15封。我开始感谢他人，他们或许是做了一场精彩的演讲，或许是因为把他们的投资建议送给了我，或许是在他们的酒店提供了一顿丰盛的大餐，或许是邀请我参加他们的会议。我会给人们送生日贺卡。我还会把他们可能感兴趣的研究报告、书籍或文章送给他们。我会在附言中说，我是多么高兴遇见他们。

几乎是在阅读西奥迪尼著作的同时，我还邂逅了一本书，里边收录了罗纳德·里根总统的一些信件。他写信的对象范围很广，他似乎对其中每一个人都有天生的兴趣。他在信里与对方分享笑话，提供建议，解决对方的烦恼，鼓励儿童。在我看来，这是他成功秘密的一部分。他不是历史上最聪明的美国总统，但是他掌握了关心他人的艺术，并通过信件表达他的关心。**如果这种方法对总统有用，对美国的顶尖汽车推销员也有用，我认为其中必然有些东西对我也有用。**

最开始，我的写信实验非常有计划，因为我有明确的动机，那就是改善我的业务。我对结果有清晰的目标。但是感觉非常很好，我开始喜欢上了这种活动给我带来的积极情绪。在我寻找更多机会感谢他人的同时，我也发现自己确实变得更加感恩了。而且我展示出的善意越多，我感受到的善意也就越多。这个过程中有一股魔力，让我把关注的焦点从自己身上转移到其他人身上。

托尼·罗宾斯曾教我说，随着时间推移，我们行为中的微小细节可能产生很大的作用。每年写几百封信这个小动作，改变了我。最开始，做到这一点并不容易。我常常不知道该给谁写信，不知道写什么。所以我最后开始给我的门卫，或者早上给我端咖啡的人写信。有时候，我觉得这样很傻。当时我没有看到任何效果。我现在认为，这需要五年时间才能产生明显的效果，但是大多数人坚持不到收获的时候就放弃了。

通过这样大量地写信，我开始以一种从未有过的方式向他人开放，我开始把身边的每一个人都看作值得学习的对象。现在我已经懂得，写信这种习惯，不但是金钱复利的好习惯，还是赢得善意和友谊复利的好习惯。据说，爱因斯坦称复利是世界第八大奇迹。但是在金融界的狭隘运用，或许是复利现象价值最低、趣味最少的一个侧面。

我写信的习惯，最开始是作为基金营销的一种方法，但是后来它给我带来了一生的财富，这是我当初所没有想到的。**我发现自己不只成了**

一个好的推销员，还开始关心我的写信对象，并思考怎样帮助他们。有意思的是，当我开始更加真诚、放弃我的赚钱计划时，人们反而开始对投资我的基金感兴趣。我开始只是想让自己变得少一些自私、多一些诚实，这是一个意料之外的结果。

在开始自己的写信运动两年之后，我遇到了一个名叫亚伦·伯德的沃顿商学院学生。他很招人喜欢，我和他一见如故，所以我邀请他到我那里实习。那年暑假的时候，亚伦告诉我，他要去芝加哥参加一位投资家的年会，那人的名字叫莫尼什·帕伯莱。我之前从未听说过莫尼什，但是亚伦说，他取得了非常可观的投资回报。所以我决定也一同前去。

后来我才知道，莫尼什有着丰富多彩的个人背景。他的爷爷是一位著名的巡回演出魔术师，他的父亲是一位商人，但是他失败的次数绝不少于成功。莫尼什生于1964年，在孟买、新德里和迪拜长大，1980年代，他作为一个穷学生来到了美国。他用信用卡借了7万美元，从他的401K养老金中借出了3万美元，建立了一家名叫转换科技的IT咨询与服务公司。后来，转换科技公司营业额达到2千万美元，他最终以600万美元的价格将公司出售。

和我一样，莫尼什也是通过洛温斯坦写的传记，学习伯克希尔公司历年"给股东的信"，从而发现了沃伦·巴菲特和价值投资。他是如此沉迷此道，1999年，他成立了自己的价值投资公司。帕伯莱的基金的回报率非常高。2013年9月，《福布斯》杂志发表了一篇文章，标题是《自从2000年来，莫尼什·帕伯莱是怎样超过市场1100%的》。

早在2003年，我在芝加哥参加他的年会时，他已经表现出了一些过人之处。他的复合收益率每年超过了30%。但他低调而特殊的商业模式，也同样令我感到震惊。纽约投资界的每一个人都曾参加过所谓的"橡胶鸡午餐"（编者注：企业举办的有大量客户参加的活动，需要提供短时间的餐饮，通常，提前做好的鸡肉会保持一段时间恒温并浇汁，吃起来有点像橡胶）。这些饭局一般都在皮埃尔这样的大酒店举行，投资公司会让一名经理或者一个管理团队出席，展示出你应该购买他们的股票或基金的所有理由。

帕伯莱的大会与众不同。它不在市中心的高档酒店，而是在临近芝加哥奥黑尔机场的地方，找一家有礼堂的卡卢奇餐厅举办。而且，它总是在周末召开。嘉宾们随意着装，有人甚至还会带家属一起来。这就是莫尼什的特点。他懒得去遵循人们的标准预期。他不怕标新立异，但是他非传统的做法是有道理的。

在开会过程中，他回顾自己基金的收益表现，然后提供给大家两个投资案例：一个成功的，一个失败的。听众大约有100人，他们来不是听推销的，而是来学习的。莫尼什的发言诚恳坦荡，毫不担心别人可能对他产生什么样的看法。

当他提到对前线有限公司的成功投资时，令我大为震动。我坐在那里快速做笔记，他在台上解释说，他有一次投资，以低于重置成本的价格购入了油轮。我很明白以低于重置成本的价格购入资产的概念，但是他对这种机制提供了更加深刻的见解：因为油轮的供应在减少、耗竭，低价格本身还是一种刺激因素，会加速市场的反转。这样，莫尼什展现出了霍华德·马克斯后来提出的"第二层思维"——这种对细微差异的把握，在投资者中十分少有，但非常重要。莫尼什有与众不同的世界观，但他逆向投资的理论是说得通的。

我作为一个超脱的观察者，也能看到一些有趣的景象。比如，听众中有两个人基本上就是推销他们自己。一位基金经理通过提问的方式吹嘘自己的投资记录，一位投资银行家也很明显是在推销自己的服务。我能够感受到很多听众听到他俩的发言后会有一些不舒服。一场好的会议，是团队协作努力的结果。但是这两个人在那里只知道推销自己，不知道向他人学习，因而显得很轻率。

与此相反，莫尼什有充足的个人资源，不仅是指经济上的财富：他对自己的状态感到满意，他愿意与他人分享自己的智慧。一个典型例子是，他曾从加州郊区的漂亮别墅中搬出来，住到办公室附近一个更加朴素的房子里。对于我来说，这再一次证明，他不会用巴菲特所说的**"外部记分卡"**来衡量自己，这是一个非常强大的力量源泉。

在莫尼什的年会之后，我回到了纽约的家，拿起一支钢笔，给他写了一封短信。笔迹有些潦草随意，信的大意是这样的："亲爱的帕伯莱先生，非常感谢你邀请我参加你的合伙人会议。我从中学到了很多人生道理和投资智慧，并结识了一些伟大的人物。非常感谢你，盖伊·斯皮尔。"

这只是我那周寄出去的十几封信中的一封短信。我事先没有打算写它，也没有希望得到回信。我寄出去就忘了它。但是后来莫尼什告诉我，那次会议之后，我是唯一一个给他写信的人，我的信令他印象深刻。大约六个月之后，他发给我一封电子邮件，说他要去康涅狄格州格林威治参加一个会议。问我是否愿意去那里共进晚餐，我当然愿意。

和莫尼什的那顿饭，改变了我的人生轨迹——甚至可以说，比我后来与沃伦·巴菲特共进晚餐的改变还要大。如果我没有写信感谢莫尼什，我们第一次共进晚餐之后发生的很多重要事情就不会有。我当时还不懂这些，但是现在我已经认识到，我过去写的每一封信，都是在邀请意外好运的敲门。对于很多人来说，这似乎是在浪费时间。但是如果我不买彩票，就永远不会中奖，而且这些彩票几乎都是免费的。从某种意义上来说，这是人生的一种价值投资方法：做一些成本不高的事情，它们或许有一天会变得弥足珍贵。

我们在德拉玛格林威治哈伯酒店见面。我非常感激这位著名投资家能够向我伸出橄榄枝，怀着期盼的心情，提前半小时到达了那里。在我人生的那一个阶段，我在参加会议时，还经常带着希望它如何如何的个人想法。但是我那天晚上刻意没有带有任何预期出场。我抵制了这样的诱惑，没有提出一大堆关于他如何获得巨额收益的问题来尝试主导整个会谈。我只是很感激这次与他交流的机会。

或许莫尼什也感受到了这一点，这为我们奠定了良好基调。如果你事先有先入为主的想法，人们就会觉察到，这会迫使他们进入一种防御状态。听起来或许有些奇怪，我似乎感受到，我有种天然的预感，让我理解到我需要和他深入交流。他的真诚让我看到了虚假做作的愚蠢。

那天吃饭的过程中，我看到的是一个自得其乐的人。这个人表里一致，他不打算在任何人面前装扮成任何模样。我一生中有很多次，不能善待自己，不能定位好自己。但是和莫尼什在一起，从最开始一刻起，我就是我自己。定位错误是一件危险的事情，不仅在人际交往中如此，在投资和商业中也是如此。例如，查理·芒格就指出，诚实总是比较简单，因为你不必绞尽脑汁去记忆自己的谎言。这会给你的大脑减少很多不必要的脑力活动，这样它就可以集中精力在更加有用的事情上。

在吃饭时，莫尼什谈到一本名叫《意念力：激发你的潜在力量》的书。作者戴维·霍金斯挖掘了一套理论，认为我们拿出自己的真实形象时，这种诚恳会唤起他人的深层心理反应，从而有更大的能力去影响他人。莫尼什自己就彰显了这种观点，真正的力量在于一个人的诚恳以及对自我内心的探寻与了解。我们的讨论在我心中播下了一颗种子：将来，我想要做一个真正诚实的人，完成我离开D. H. 布莱尔投行和那个谎言世界后就已经开始的转变。

我很快意识到，莫尼什和我一样，也曾追求为人处世的智慧。但是他已经从另一个方向、用另一种思维得到答案了。从托尼·罗宾斯那里，我发现了效仿成功人士好习惯的力量；而莫尼什则将之称为"克隆"，有时候他会开玩笑说自己一生没有任何原创思想，但是这丝毫没有给他造成困扰。当然，这往往就是思维的工作方式：**我们复制最好的思想，并把它们变成我们自己的思想。**

莫尼什懂得，这也同样适用于商业。一家公司向竞争者学习，找出他们的成功之处，然后重建这样的做法，就可以得到丰厚的利润。他以同一条路边的两个加油站为例。一家的老板很聪明，他以单项服务的价格提供全套服务，免费为客户清理挡风玻璃、检查液位等。换句话说，这个老板用一些小动作提升了业绩，建立了一个良性循环。而对面的加油站没有做到这些事，日趋衰落。不过，就像莫尼什指出的一样，那家较差加油站的老板有一个非常简单的办法，就是复制对面成功对手所做的每一件事。我们已经看到很多最好的想法在那里了，我们只需要复制它们。

这就是莫尼什和我在我们的投资生涯中学到的东西。**我们看到巴菲特的做法，于是就有意去模仿他。**但是莫尼什是比我更聪明的模仿者，这要归功于他对细节的不懈关注。例如，他曾认真复制过巴菲特的最初的合伙人模式，包括费率结构和赎回方式。而我花了十几年才明白，我在创建基金时，就应该这么做。

在共进晚餐的过程中，我附和莫尼什，可怜那些没有模仿现成经验的傻瓜们。但是几年以后，我才意识到，莫尼什就像是那家成功加油站的老板，而我则像是对面加油站的老板。我们会在后文中谈到，我最终醒悟，开始向他学习。

我与莫尼什的再一次会面，对我的人生产生了更大的影响。我不知道他是否和我一样喜欢我们的晚餐，所以几个月之后，当他发邮件邀请我与他在纽约共进早餐时，我欣喜若狂。他要在价值投资大会上发表演讲。我想要确定，我们的上一次见面是值得纪念的，因为我从直觉上感到，它对我的人生很重要。我选择了文华东方酒店，那里可以俯瞰中央公园的美景，而且到莫尼什的会场很方便。在我们共进早餐的前一天，我甚至专程跑去酒店，确保我们能有一个好座位，并叮嘱服务员要把账单给我付，而不是给我的客人。

这似乎有点过头了。但是它说明了我从莫尼什身上学到的一个道理：有些生意之所以成功，是因为他们做对了一件大事，但是大部分成功是因为他们做对了很多小事。这是沃尔玛这样的公司如此成功的原因。我在现实世界中所接受的教育，一个关键方面就是**学习汲取更多的类似智慧，同时在更细微的层面上加以实践**：写感谢信、选择一个好地方共进早餐、积极聆听他人的讲话、按照自己理想的方式对待他人。在一生的时间里，无数这样的简单行动，会累积创造出巨大的声誉和人际优势。这不是幸运。只有加倍努力做好这些事情，一些好的事情才更有可能发生。

那次早餐非常棒。首先，我敬佩莫尼什。毕竟，我的投资回报不错，我的头脑也很聪明，但是他的投资回报更加令人叹为观止，他的思维也如此卓越不凡，这令我感到自惭形秽。我们还有不同的认知类型：我的思维比较发散，思绪常常满天飞；而他的思维方向非常明确。但是我们也有很多共同之处，包括根深蒂固地觉得我们都是旁观者。我出身于来自德国的犹太难民，先辈曾在以色列和英国取得成功；他则是一位在美国取得成功的印度移民。不论出于何种原因，我在情感和理智上都感觉与他更加亲近，尽管我当时确信，自己没什么东西可以教给他。

我们坐在窗边，俯瞰脚下的公园和曼哈顿的天际线，莫尼什萌生了一个我永远也想不到的主意。他建议我们能否参加沃伦·巴菲特慈善午餐的拍卖。一开始，我觉得花几十万美元去吃一顿饭太疯狂了，哪怕对方是已经改变我人生的投资家。但我还是尽量礼貌地回应说，"吃这一顿午餐花的钱似乎有点太多了。为什么还会有人这么做呢？"

这是一种很传统的思维，但是莫尼什耐心地对我讲解他的非传统分析，为什么拍卖这顿午餐完全值得。他指出，这笔钱会捐给一个非常值得尊敬的慈善团体——葛莱德基金会，而且能得到与巴菲特共进午餐的额外好处。正如莫尼什理解的一样，很多慷慨捐赠只能换来一块刻着捐赠者姓名的匾额，这块毫无意义的匾就是为了粉饰他们的名声，或者激发他们的自负。而现在这种情况，捐赠还能带来一样更有价值的东西：与一位卓越的榜样的会面，他将启发我们：应该如何成为一名资本家。

莫尼什还帮助我认识到，我们不需要从这顿午餐中寻找任何具体东西。这是一个机会，让我们可以享受与巴菲特在一起的时光，感谢他曾教给我们的一切。在早餐结束的时候，我已经下定了决心。

于是我们决定联合参加与巴菲特共进午餐的拍卖。第一年，我们败给了一个出价更高的竞拍者。但是第二年，莫尼什决定再参加一次拍卖。我当时正在欧洲旅游，他打我的手机说，"盖伊，这次我们一定要把它拍下来。"

如果我们竞拍成功，莫尼什计划带他的妻子和女儿一起去，而我的孩子太小，只好带我的妻子参加。由于帕伯莱家出席午餐的人数比斯皮尔家的多，莫尼什友好地提议，不论花多少钱，他付三分之二，我付三分之一。

尽管如此，我还是担心竞拍有可能失败。我依然只是一个年轻的基金经理，运作一个小基金，洛丽和我准备要第三个孩子，所以我们或许需要搬家到曼哈顿的一个大房子里去。我告诉莫尼什，我准备了25万美元，但是如果超过这个价钱，我觉得就不合适了。如果竞拍价超过了75万美元，我或许将不得不放弃竞拍。莫尼什停顿了一下，然后他向我保证，如果发生这样的情况，他将支付多出来的部分，这样我的开销会限制在25万美元之内。他这种慷慨令我大吃一惊。

我们甚至还没有谈妥这件事，更谈不上起草协议。我被他这种信任深深地打动了。这让我想起来，巴菲特本人经常做出金融协议，但是很少写书面合同。在之前的商业生涯中，除了父亲没有人这样对待过我。

最后，我们在第二轮竞拍中赢得了标的，价格是65.01万美元。我感到激动万分——同时担心别让莫尼什感觉我抛弃了他——第二天早上我就把我那三分之一的钱打给了葛莱德基金会。然后，在钱到账成为事实之后，我才给莫尼什打电话，告诉他我是多么的欣喜若狂。

我们的午餐时间定在2008年6月25日。我还有几个月时间做准备——只要有时间，我希望确保让自己值得会见这位德高望重的大师。毕竟，如果你打算会见一些比你好的人，最好先做好自己的功课。

6

与巴菲特共进午餐，
我顿悟到的5个真理

THE EDUCATION
OF A VALUE INVESTOR

近几年来，我离巴菲特的轨道越来越近。1990年代后期，在高科技股票飙升的时候，伯克希尔·哈撒韦公司落后了，有大量被误导的人抱怨说，巴菲特如何"丧失了他的敏锐眼光"。怀疑论者想知道，为什么大众都在从市盈率疯狂的热门高科技股票中发财，他却还坚持貌似过时的风格，投资不怎么性感——但是高收益率的公司。

出于这种荒谬的逻辑，不怎么时髦的伯克希尔公司股价下滑到了不理性的低位，这令我感到震惊。所以我增仓操作，把我超过20%基金用于配置该公司。从那以后，该公司股票翻了四倍多，而那些一度热门的高科技宠儿们则开始一路下跌。伯克希尔公司依然是我的重要投资标的，为我的基金提供定海神针，在未来的很多年里，它也将继续产生大量的回报。

与此同时，我也一直在努力模仿巴菲特的思维和投资模式。**我不断阅读有关他的资料，研究他购买的股票，尽可能地复制他伟大的做法。在我们拍得慈善午餐之前，我已经连续十几年造访奥马哈、参加他的公司年会了。**

在去奥马哈的那些年里，我依然在我的纽约旋涡里努力，所以我一般和其他来自纽约的金融界高级人士一起住在万豪酒店。这种情况渐渐发生了改变。我不再混迹于来自纽约的人群中，我开始住在逸林酒店，参加一个名叫"黄伯克"的巴菲特粉丝俱乐部。他们的网站上写着"黄伯克集会是伯克希尔公司股东的100%非正式、非官方集会。本集会不是推销任何产品或服务的论坛"。

这个群里的人们不会假装成功人士，他们也毫无兴趣在伯克希尔公司年会期间做生意。他们在那里只是为了学习，为了庆祝友谊，为了享受智慧的醴泉。其中很多人已经持有伯克希尔公司的股票几十年了。他们的动力与我在纽约的那些同事不一样。

通过莫尼什，我还遇到了巴菲特的很多印度粉丝，他们有些人跋涉数千英里来到奥马哈。我喜欢和所有这些非职业人士待在一起，他们对达成交易不感兴趣，也不会做出一本正经的样子，我们成了一群热热闹闹的开心伙伴。对于我来说，这个低调团体的价值观和气质似乎更加健康，更脚踏实地。

我不再腻烦地以牛津—哈佛—纽约模式炫耀自己，我让自己放松，和别的巴菲特粉丝和信徒们一起欢乐。在年会召开的当天，我不再为了避开人群，到早上八点才慢悠悠地步入会场；我凌晨五点半就起床，加入会议中心北门那里的忠实粉丝队伍。

结果，我发现自己和莫尼什一起坐在会场前排，近距离观看巴菲特和芒格的样子。这个位置比后排座位更适合学习，我之前在后排更消极，更像是一个前来审判的观察员。**我终于意识到，如果你想要做某件事，最好就要全身心地投入其中。**其他严肃的投资家，包括普雷姆·瓦特萨、李路，以及马里奥·加贝利，他们很明显也得到了同样的结论，因为我发现他们也都坐在前排。这再一次证明，正是这些**小动作造就了巨大的差异**。

除了上次在巴菲特走出奥马哈会议中心卫生间时的简短交流，我还从来没有和他进行过任何私人来往。这么多年以来，我只是在远处观察他、学习他。但是我的写信运动——它先是让我结识了莫尼什，后来又促成了我们成功竞拍慈善午餐，现在把我推入了一个新的可能空间。突然间，我就要和我的偶像共进午餐了！

这看起来有点不真实。我只是开始让自己遵从世间的规律做事，而且当时我还有很多事情没做对。但是只要**你开始从内部改变自己，周围的世界就会做出回应**。我希望这个观点能产生共鸣，因为它很重要——或许比我和沃伦·巴菲特共进午餐这件事还重要。我希望你们能从我的经历中认识到，当你的觉悟或者心理态度发生转变时，就会发生不同寻常的事情，这种转变是终极的商业工具和生活工具。

自从离开D. H. 布莱尔投行以后，我已经改变了很多。但是我的对冲基金的业务模式仍然在某些方面不是很合理。随着与巴菲特共进午餐的临近，我对此的不安日益增加。我有点担心他会把我看作又一个来自纽约的贪婪的对冲基金经理，压榨投资者1%的年度管理费和20%的收益，并因此反感我。

莫尼什不收取年度管理费，他只有在股东赚钱的时候才会得到报酬。至于巴菲特，他运营伯克希尔公司的年薪是10万美元——鉴于他每年给股东带来数十亿美元的利润，这点报酬甚至有几分滑稽的味道。所以，到那天共进午餐的时候，在三个人当中，我是拥有收费最高、最为自己服务的费率结构，同时运营最少的资金，取得最低的收益。这样写太伤人了，但事实如此。

我曾试图为自己开脱，在心里说很多对冲基金经理收取2%的年度管理费。但是他们的费率结构比我更坏的事实，并给不了我多少安慰。我并非最坏的罪犯，但是我希望站在正确的一方。巴菲特不知道他会对我产生这样的影响，**但是他用自己的费率结构为我树立了榜样，让我想要更加公平地对待自己的股东**。这是我希望会见他的动力之一。

华尔街有一个笑话，说对冲基金其实只是一种变着法欺诈投资者的费率结构。我不想成为这个系统的一员，但是我任由它发生了，顾问告诉我这是标准的运营流程，而我在压力之下太不坚定。现在，面对巴菲特与我之间的反差，我感觉如果我以唯一收取年度管理费的形象出现在午餐上，那是绝对无法容忍的。

所以我模仿巴菲特原始合伙人的费率结构，为我的基金建立了一个新的股份类别。现有股东如果愿意，可以选择继续坚持原有安排，但是他们现在还有了一个更好的长期选择：在新的股份类别中，他们将不必支付年度管理费，并且可以在我拿到一分钱之前，免费享受6%的收益。超过这个水平的收益，我将收取四分之一的净收益，只有股东赚了钱，我才能得到漂亮的薪水。十年前我就该这样做，从第一天就让自己步入正确的轨道。

聪明的投资者自然懂得，为什么这种新的费率结构有道理。所以这种转变，后来为基金吸引了很好的长期合伙人，而不必我费力吆喝，向那些不了解我真正目标的人徒劳推销。

在我作为基金经理的早期，精明的市场营销人员想要帮助我把基金卖给更多的投资者，这样它就能更大、更赚钱。其实这样做没用，我找错了追求成功的地方。最终，最好的方法是反省内心，由内而外地改变自己，把股东的利益放在我自己的利益之前。在很多方面，我花了好几年才学到巴菲特早已经知道的道理。

在我们共进午餐之前，我还想拜访葛莱德基金会，这是巴菲特选择支持的慈善机构。我很好奇，他为什么会把自己的时间投入这家机构。我知道，如果你遇到了某些有特殊品质的人，那就值得投入时间和精力去旅行，这样你就能进入他们的力场。葛莱德基金会就在巴菲特的力场范围之内，我想知道为什么。

于是我飞到旧金山，寻找更多有关这家著名慈善机构的东西，它的宗旨是创建"一个彻底包容、公平和爱的世界"。在它发起的各项举措中，葛莱德基金会在贫困的田德隆区建立了一座教堂，提供医疗服务，每年为穷人提供80多万份食品。巴菲特的前妻苏珊向他介绍了这家慈善机构，她非常慷慨大方。于是他开始在易趣网上拍卖自己的年度午餐，支持这家慈善机构，2004年苏珊去世之后，他继续坚持了这一做法。

在葛莱德基金会的总部，它的创建者塞西尔·威廉姆斯牧师高高兴兴地接待了我，他是一位站在穷人和边缘人群立场的牧师和社会活动家。这个人和巴菲特一样，尽自己的全力工作。然后，我和他在葛莱德基金会的流动厨房吃午餐，看他怎样与每一个人开玩笑，怎样把大家吸引过来。时间不长，我就认识到这是一个出色的组织，帮助那些自暴自弃的人们重建生活。就像巴菲特曾说的一样，葛莱德基金会将每一个人看作"一个潜力股，不论他们的环境如何。爱、时间、能量和资源的组合，能够创造出一种新的人类，这早已得到证明"。

我还领悟到，威廉姆斯牧师是一个典型的巴菲特型经理人——和那些运营伯克希尔公司业务的首席执行官们毫无二致。他深得巴菲特的精髓，虽然表面上看不出来。他把自己的注意力和精力全部投入到他帮助的人们，而且他显然很喜欢自己的工作。那一天，我为葛莱德基金会录了一段视频，我在其中提到巴菲特，说他不仅"在选择企业上有敏锐的洞察力"，还能够清晰地找到"一个非常特殊的慈善机构"。

更重要的是，这次葛莱德基金会之行，让我看到了巴菲特是怎样利用他的力量行善的。他的榜样鼓励我坚持关注自身之外的人，看可以帮助谁——我帮助他人越多，人生就越幸福。

根据拍卖规则，莫尼什和我有权邀请七个人在曼哈顿的史密斯&沃伦斯基牛排餐厅与巴菲特共进午餐。我们的聚会会包括莫尼什、他的妻子哈利娜、他们的两个女儿芒珊和莫玛奇，以及我和我的妻子洛丽。换言之，我们只有六个人，这意味着还有一个空位。很多朋友都联系我，想要买这最后一个座位。一位在伦敦的基金经理愿意出10万美元加入我们的午餐。一位傲慢的私募投资者建议我们把这个席位送给戴维·卡梅伦，还建议我们不要邀请自己的家人。

当洛丽听到这些报价之后，她无私地表示愿意让出自己的席位，这样我们就可以把它转让给更值得的人。但这不是商业交易，她的座位不会被出售。我觉着自己有必要把这10万美元的开价告诉莫尼什。他的态度很坚决：这是一场家庭聚会，也是感谢巴菲特的一种方式。没有什么好遮掩的。无论是把它卖掉，还是允许家庭成员之外的人和我们一起参加，都会迅速毁掉这种精神。

最后，和巴菲特共进午餐的一天到了。那是6月下旬一个阳光明媚的清晨。洛丽和我从公寓打车前往第49街第三大道口的餐厅。我们提前一个小时赶到了那里，因为我想尽情享受这珍贵时刻，不想在这样重要的场合迟到。来自CNBC和其他媒体的电视摄像机早已在餐厅外就位。征得巴菲特的同意，我们还聘请了我们的婚礼摄影师帮助记录这一事件。

我太紧张了，以至于身体疲乏患了感冒。我知道巴菲特对人性有敏锐的洞察，担心在他面前丢脸。万一他看穿我，感受到我身上一丝残留的戈登·盖柯气息呢？但是我还是太激动了。从我和莫尼什认识起初，我就看到了与自己崇敬的人在一起的巨大影响。所以在我即将近距离接触巴菲特、了解他的成功秘诀时，心情无比兴奋忐忑。这可是终极版的基金大师辅导。

大约12：30的时候，我们七个人开始在一个舒适的房间里就餐，这个房间毗邻后厨，全木装修，十分安静。但这只能算是半私人性质的，餐厅里的其他食客看到巴菲特在这里，都看过来议论纷纷。巴菲特穿了一套商业装，白衬衫，带黑色图案的黄领带。莫尼什的女儿坐在他的两边。我在右边与他间隔两个座位，坐在莫玛奇和洛丽中间。莫尼什和哈利娜坐在他的左边。

有我们的妻子和莫尼什的孩子在，场面温馨了很多，因为这使它更像是轻松愉快的家庭聚会，而不是正式的商务会谈。巴菲特给两个小女孩带了礼物，带着幸福和快乐的良好祝愿——更像是一个和蔼的爷爷，而不是世界最富有的人、史上最伟大的投资家之一。

和我在伯克希尔公司年会上见到的一样，他没有任何傲慢做作或者心胸狭窄之意。出于和善和友谊，他坚持让我们称他为沃伦，不辞麻烦让我们每个人都感到轻松。他询问小女孩们的年龄，然后接着说："你12岁，你11岁，我77岁了。"当菜单呈上来的时候，他和孩子们开玩笑说，当他不到五岁的时候，他不会吃任何自己不想吃的东西。果然，他点了一份三分熟的牛排、一份马铃薯煎饼，还有一杯樱桃可乐——鉴于伯克希尔公司是可口可乐公司的最大股东，这个选择很恰当。我也不打算仔细研究菜单，就跟着他点了一份牛排、马铃薯煎饼，还有一杯无糖可乐。

在午餐之前，巴菲特显然下功夫研究过我们。他问洛丽有关北卡罗来纳州索尔斯伯里的事情，那里是她的家乡，他说当年在哥伦比亚大学读书的时候，曾和一位朋友去过那里。他还不失时机地说，莫尼什的慈善基金年报令他印象深刻，这个名为达克沙那的基金旨在教育印度的儿童。他说他已经把这份年报发送给了查理·芒格和比尔·盖茨，这让莫尼什瞬间折服。当然，后来巴菲特对福克斯新闻谈到我们的午餐时，他特别提到莫尼什的一个特点，强调说，"他像做投资一样认真对待慈善事业……他对于怎样使用自己长期积攒的财富，有很深刻的思考。我想，他会把它真正转化为千万人的福利……我非常钦佩他。"

毫无疑问，巴菲特本人对于怎样使用自己的钱，也有很深刻的思考。他告诉我们，他打算为三个孩子每人成立一个慈善基金，他还补充说"坐等以后"再把金钱回馈社会并不是个好主意，最好现在就提前来做这件事，他说，而不是不断积攒，最后捐出一笔更大的。我开玩笑说，他是这张餐桌上最穷的人，因为他已经承诺把他的所有伯克希尔·哈撒韦公司股份捐给比尔和梅琳达的盖茨基金会。结果就是，他现在就像葛莱德基金会的创始人塞西尔·威廉姆斯一样，几乎是在免费工作。他开怀大笑，说"的确如此"。看到我能理解他多么看淡个人致富，而是在乎如何使用财富去帮助他人，他很高兴。

当我们感谢巴菲特给我们这次共进午餐的机会时，他说他很高兴这么做。首先，这给了他一个很好的机会，向威廉姆斯牧师和他的前妻苏珊表达敬意。他说，他18岁的时候就认定她是自己想要娶的那个人，如果没有她，就没有自己的今天。他温柔地赞美她的仁慈，回忆她是如何把艾滋病晚期患者带回自己家，让他们睡自己的卧室，在他们人生的最后时光给他们安慰。他告诉莫尼什的孩子，选择一个正确的人结婚，将是他们一生中最重要的决定。

三个小时期间，我们有滋有味地进行了天南海北的热烈会谈。例如，哈利娜和莫尼什问巴菲特有关伊萨克·牛顿爵士的事情，因为他曾提到过，牛顿是他最想共进午餐的历史人物。他向我们解释说，牛顿"可能是人类历史上最聪明的人"，但是又开玩笑说，他又认真想了想，觉得更想和意大利明星索菲亚·罗兰共进午餐。他说，查理·芒格最想和本杰明·富兰克林一起吃饭，因为"牛顿比较聪明，而富兰克林更加睿智"。

　　有一次，巴菲特还谈到了他与比尔·盖茨前往中国的一次旅行。他们沿长江溯流而上，在到达码头时，两个人讨论了一个以拖船为业的人。巴菲特回忆他当时对盖茨说，不论这个家伙有多聪明，他的人生永远都不会有机会去做更多其他事情了。他说，在他自己的人生里，如果生在美国以外的其他任何地方，都将是最大的劣势，因为他或许就读不到格雷厄姆的著作《聪明的投资者》了，这本书在当时只有英语版本。他说格雷厄姆的《证券分析》一书是他"圣洁的圣杯"，并补充说，当他发现格雷厄姆在哥伦比亚大学执教后，他惊喜不已。为了引起格雷厄姆的注意，他在给他写的信里说，"我还以为您已经不在人世了呢。"

　　在这次会谈一开始，我就进行了一次忏悔。我告诉巴菲特，我刚刚改变了自己的费率结构，这样他就不会把我当作另一个贪婪的、收取2—20费率的对冲基金经理。我还提到，我艰难地说服了我的基金律师，让他们相信这种打破传统的行为有意义，因为它对我的股东更公平。我永远不会忘记巴菲特的回应："如果你的正确行为不依惯例，人们总是会阻止你的。"我问道，坚持做正确的事情久了，会不会容易一点。他停顿片刻，看着远方，然后回答说，"会容易一点点。"

　　然后，他继续解释说，关键是要坚持自己内心认可的价值，而不是受迫于同伴压力之类的外界力量来回动摇。**"靠内部记分卡而不是外部记**

分卡生活，这一点非常重要。"他说。为了描述这个道理，他又问我，"你想成为全世界人眼中最好的情人、自己内心中最糟糕的人，还是想成为自己内心中全世界最好的情人，但被全世界看作最糟糕的？"

那时候，我想的是"是啊，说得对"，但是直到后来，我才真正感受到这条建议的全部力量。在随后的几个月里，我开始认识到，我花了多少心思去用外部记分卡来衡量自己的人生。我总是迫不及待地想让别人喜欢自己、尊重自己——在牛津和哈佛想得到教授的赞美，在D. H. 布莱尔投行想被人们看作成功的投资银行家和经纪人，后来又想成为人人崇拜的顶级基金经理。这种缺乏安全感的表现无疑让我误入歧途。我真正需要的，是用内部记分卡衡量自己。这个转变的开端，就是我意识到在D. H. 布莱尔投行有弊无利、开始追求自我人生的时候。

怎样强调巴菲特见解的重要性都不为过。毕竟，如果抵押经纪人、银行家和其他人都靠内部记分卡生活，在他们酿成的2008—2009年金融危机中，那些贪图一己私利的放纵行为和道貌岸然的公司们会有多少能够幸存？就像巴菲特帮助我理解的一样，人们在判断自己的不当或者错误行为时，总是过多地说别人也在这样做，以此来安慰自己。

巴菲特的一个鲜明特征，就是他非常清晰地靠自己的内部记分卡生活。这不是说他做的事情是正确的，而是说他做的事情都是自以为正确的。正如我在餐桌上看到的一样，他身上没有任何做作或强迫的样子。他对自己的状态很满意，也找不到任何理由去妥协自己的标准，或者冒犯自己的信念。当然，他曾告诉伯克希尔公司的股东，他有办法把公司做得更大、更赚钱，但是他不想做那些事情。例如，他拒绝解雇员工，或者售出手中的股票，换以更加赚钱的业务。同样，有些投资者抱怨说，如果他像很多保险公司一样，把公司注册在百慕大缴税，伯克希尔公司会更赚钱。但是巴菲特不想把公司注册到百慕大，尽管这样是合法的，还可以节省上百亿的税费。

这是我们午餐中的最伟大一课。他强大的力量，部分源于他对自身认识和理想生活坚如磐石的信念。这绝非妄谈。不需要根据他人的标准或态度生活。和他一起坐在史密斯&沃伦斯基餐厅里，我能够看到他不会拿自己的半点幸福妥协——哪怕是他愉快地享受餐厅甜点这样不起眼的小事。很明显，他安排了适合自己的生活，并享受这种生活。当我问他是否有意设计了伯克希尔公司独特的分散管理结构时，他强调说，公司之所以这样运营，是因为这样适合他自己，而不是因为这样可以带来最多的利润。

作为一个投资家，他总是坚持做真实的自己。在高科技泡沫时期，其他很多人都被裹挟而入，但他坚守自己的原则，丝毫不为所动，哪怕在泡沫崩溃前，他的表现大幅落后于市场整体表现。

同样，拒绝借钱投资的诱惑对巴菲特来说也不是难事，那样做可能让他更富有，但也可能让他陷入麻烦。当然，我们的午餐中的关键一课，是在莫尼什问起里克·格林发生了什么时，巴菲特曾在他的文章《格雷厄姆—多德式的超级投资者》提到了他。格林的投资记录一度非常惊人。但是巴菲特告诉我们，格林"太着急发财"，并使用了杠杆手段提高收益。在1973—1974年市场崩盘时，格林受到追加保证金的压力，被迫卖出了他的蓝筹股。据巴菲特说，格林当时以40美元一股的价格售出了他在伯克希尔·哈撒韦公司的股份。如今，这一股的价格是19万美元。

对于巴菲特来说，这位天才投资家所经历的艰难历程，无疑为自己提供了一个有力例子，说明了负债操作的危险和耐心的美德。"查理和我一直都知道，我们会变得很富有，"他告诉我们，"但是我们不着急。"说到底，他说，**"哪怕你只是个稍微超过一般水平的投资者，只要花的比赚的少，一生时间也足以让你非常富有了——只要你有耐心。"**

这种耐心帮助巴菲特创造了一种平和的环境，使他能够在其中冷静、理性地进行操作。待在奥马哈，他远离了疯狂的人群。他传奇般的个人助理黛比·博桑耐克（她已经在伯克希尔公司工作了三十多年）也帮助他免受不必要的分心。她曾告诉莫尼什和我，巴菲特的手机经常关机，他甚至没有电子邮件地址。他拥有的这些正确的过滤机制，显然帮助他隔离了很多错误的垃圾信息。

当然，把自己与这个世界隔离开，避免可能削弱他判断力的分心之物，巴菲特没有丝毫犹豫，这就是他的魅力和亲切之处。他告诉我们，经常有人试图邀请他见面，从而借机向他推销投资产品，但是不论对方讲得如何天花乱坠，他很少接受，大部分都是礼貌地拒绝。他还告诉我们，他一般会避免与企业管理人员见面，他更喜欢参考他们的财务报表。

与此类似，他不会用一堆分心的会议来浪费自己的时间。在我们的午餐期间，他向我们展示了他的约会备忘录，几乎完全是空白的，他说他自己安排他的时间表。与此相反的是，他说比尔·盖茨的日程表里充满了精确的时间，比如"6:47冲澡""6:57刮胡子"。这两种时间系统本身并没有好坏之分：巴菲特不过是选择了最适合自己的系统，能够给他平静思考的空间，不受那些试图主导华尔街的噪音打扰。正如巴菲特告诉我的一样，仅靠一个人的才智去过滤这些噪音是不够的：你需要正确的流程和环境才能做到这一点。因此，在那次午餐六个月之后，我决定搬家到苏黎世，因为在那里我可以远离纽约旋涡，保持更加清醒的头脑。

谢天谢地，巴菲特在这方面的做法是其他投资者也可以复制的：我们可以克隆他创造的环境和流程，把噪音隔离开来。对于我来说，这不仅意味着搬离华尔街，还意味着其他可能扰乱我思维的噪音。例如，我完全忽视市场预测，而是专注于投资那些将在长期取得巨大成长的公司。在午餐上，我很高兴承认自己努力学习、效仿巴菲特做法的程度。我把自己的态度解释给他，给他讲了一个《塔木德经》（古代犹太法典）的故事，两个学生迫切想要向他们的拉比（犹太人的学者）学习，甚至钻到他的床底下观察他晚上的行为。巴菲特幽默地说，以后他要经常检查床底下，看看我是不是藏在那里。

但是巴菲特至少还有一个方面是无法仿效的：他的头脑。在我们吃午餐的过程中，我感到他的思维在五个不同层次上同时运转。他的传记作者艾丽丝·施罗德曾在演讲中描述过类似的感受。这很难解释。但是当我那天和巴菲特坐在一起的时候，我感受到了他高速运转的思维，知道他的大脑运行频率比我高得多。过去在牛津大学名列前茅，我曾对自己的智力有些自信，觉得可以和他一较高下，我还曾希望，或许有一天能表现得与他一样出色。但是那一天亲眼见到他，我终于确定，我永远也不可能赶上他。

这或许有点令人气馁，但是我奇怪地发现它更鼓舞人心。对于我来说，这一堂课清晰无误。我没有必要去和巴菲特比较，而是应该专注于真实的机会，去成为我所能达到的最好版本的盖伊·斯皮尔。这让我想起了巴菲特讲过的一个老笑话："你怎样才能击败鲍比·菲舍尔（前国际象棋世界冠军）？"回答："和他比象棋之外的任何东西。"

我不可能在巴菲特的领域击败他。但是我可以追随他的榜样。那天他给我留下最深刻印象的，不仅仅是他活力十足的智力，还有他那与自身天性完全和谐的生活方式。看起来一点都没有错位，他花费了毕生时间去做真实的自己。

这也成了我自己的目标：**不做巴菲特第二，而要成为更真实的自己。**

在他教给我这些的时候，通向真正成功的道路就已彻底打开。

7

真理1
坚持自己的原则

带我渡过金融危机

THE EDUCATION
OF A VALUE INVESTOR

价值投资者常常引以为傲的，是自己能够在市场崩盘的时候买入。我们倾向于认为当所有人在恐慌时，我们可以做到拥有冷静、勇气和力量，并且能理智地行动。但是当市场崩溃、华尔街血流成河的时候，到底会发什么情况呢？在2008—2009年金融世界陷入空虚，并把我和我的基金拖入其中时，我亲身体会了一次。就像巴菲特所说的一样，如果没有恐惧，你就不会集中注意力。上天知道我当时的恐惧。

　　金融危机期间的经历是非常痛苦的，现在诚实、坦率地写当时的事情，我都感到很困难。我不是存心要这样的。我已经压抑了当时的很多记忆，因为面对它们太痛苦。帮助我写作本书的朋友、股东威廉·格林，最近和我提起当时有一次我打给他电话，半开玩笑地对他说，"我们身上的每一个毛孔都在流血。"我已经完全记不起这件事了。但是即使我想要忘记，当时的一些场景依然难以磨灭。

　　最糟糕的时刻之一，是在2008年3月的一个清晨，在吃早饭时，我在《金融时报》头版读到了贝尔斯登公司濒临破产的消息。我的基金是贝尔斯登公司的经纪业务客户，该公司持有我们多个账户的全部资金。我记得当时我的妻子洛丽冲我发火，因为我分心严重，完全忽略了我的家庭。我当时转过头来对她说："你知道什么？蓝宝石基金的钱全在贝尔斯登。而这家公司明天就可能消失。"

那个周末，我大半时间都在办公室，研究周一有哪些专家会来，针对如果贝尔斯登公司破产，他们可能给我的基金提出怎样的建议。我需要知道，这会对我们的账户产生什么影响，在公司破产托管清算期间，它们是否会被冻结数年之久。

作为一个保守的、不愿冒险的投资者，我特意将我们的全部证券都放在了贝尔斯登的现金账户，该账户完全由我们的基金拥有。我知道，借钱和投资保证金交易可能是灾难性的，因为中间经纪公司可以控制保证金账户中的资金，在最糟糕的时刻把它们卖出。几年前，美国长期资本管理公司公司就确实出现过这样的情况。

我几乎是疯狂地极力避免类似的风险，对保护我们的资金高度警惕，我没有一分钱的杠杆资金和债务——不论是个人还是基金。贝尔斯登只是我们的保管人，这意味着从理论上来说，我们的现金账户是安全的。尽管如此，前景不明的形势也令人感到恐慌。事实上，如果贝尔斯登破产了，谁能说准我们这些账户会怎样？世事难料啊。

那个周天的下午，3月16日，我坐在曼哈顿办公室的办公桌前，办公室里寂静得可怕。每一件事似乎都在以慢动作的速度发生。我知道，我此时无能为力，我的命运掌握在汉克·保尔森、本·伯南克，以及其他政策制定者手里，他们的核心目标是保护全球金融系统——而不是保护我、我的基金，或者我的投资者。从潜在的角度来讲，几乎我的家族的所有资产都处于风险之中，还有我几十个朋友、亲戚、商业伙伴的钱。即使如此，在这危机时刻，我却出奇得感到平静。

突然，彭博资讯给我带来了一条好消息，摩根大通决定收购贝尔斯登。我拿起电话给父亲打电话，和他分享这一喜讯。稍后在晚上，我参加了一次电话会议，听到杰米·迪蒙承诺摩根"支持贝尔斯登……保证交易者的安全"。我心里的一块石头终于落地了。从来没有这样平淡的话，对我有如此大的意义。甚至在我写到这里的时候，我还能感受到自己情绪的起伏。

贝尔斯登这件事，几天前我还毫不知情，就这样令人震惊地结束了。但是我们得救了。我之前从未见过杰米·迪蒙，但是从那以后我每年都给他寄圣诞贺卡。我曾在达沃斯的鸡尾酒宴会上见过他，并没有交谈，但我真想走过云抱他一下。

另一次在我记忆里留下残酷印痕的事情，发生在2008年9月。我们一家刚刚从美妙的欧洲度假回来。洛丽和我不久前要了第三个孩子，我们开心地住到了曼哈顿西部高档社区的新公寓。然后，在那个阳光明媚的9月下午，我父亲出乎意料地给我打电话，问我有没有想过雷曼兄弟可能破产。他的大部分钱都投到了蓝宝石基金。但是他还留了一笔规模不小的流动资金，购买了雷曼兄弟的债券。现在来看，雷曼兄弟公司就像个死亡旋涡。

我一时语塞。我们刚刚从贝尔斯登的灾难中逃出来——现在又轮到这个了？我在臣室里来回踱步，半信半疑地听父亲讲话。"雷曼兄弟的债券？你买了雷曼兄弟的债券！为什么？"

我无法想象，他怎么会走进这片雷区。不到一年前，我曾在价值投资大会上听大卫·艾因霍恩发表演讲，对雷曼公司进行了精彩点评。他当场撕碎这家银行的财报，说这家公司就像纸片一样容易受到攻击，所以我知道，除非你有三头六臂，否则不要碰它。现在我却发现自己的父亲没有告诉我，就投资了一大笔钱购买雷曼债券。

他解释说，一位全球最大、最著名银行的理财顾问给他打电话，推荐这些债券，向他保证他们拥有3A级的穆迪信誉评级。他感觉特别有信心买这些债券，因为他留意到穆迪是我的投资标的之一，而且他知道我只投资有好产品的公司。

但是我清楚地了解这里的游戏规则。职业投资家都在大量逃离雷曼。所以华尔街调到高速挡，把这种垃圾推销给过分信任他们的客户。在雷曼的传统投资者开始回避他们的债券时，他们必须找到更加容易受骗的客户来接盘。我父亲的银行无疑是为了自己赚钱，哄骗他买入了雷曼债券。

我怒气冲冲，对他进行了长时间的教训。"我说过多少次了，永远不要买华尔街推销的东西。永远。我喜欢的是穆迪的业务，而不是他们做出的评级。他们总是滞后于市场。"我讲这些话的时候，嗓子都扯哑了。

我父亲想知道，他是否应该卖掉这些债券，它们当前的市价大约是34美分。"当然，"我说，"现在就把它们卖掉。"但是这些债券已经是有价无市，他的交易指令一直也没有被执行。几天之后，9月15日，雷曼公司进入了破产重组保护程序。这是美国历史上规模最大的破产事件。

我感到愤怒和羞辱。我的自我认同感，大部分在于把自己想象成为家族和朋友们财富的创造者和保护人。但是我失败了，我父亲因为疏忽，在购买这些债券之前没有和我商量，这让我感到很受伤。但这不仅是对我自尊心的打击，还十分让我恼火，让我想知道，在我这个保护人的盔甲下，还有多少我不知道的事情，还有多少裂痕。

我曾以为自己的防御固若金汤，但是我现在开始感觉这不是真的。一来，我父亲是我的基金的最大投资人。他上当购买雷曼债券的事情，会产生一系列的附加效应。在市场崩溃的时候，我等待已久的机会终于来了，可以成为一个冷静的买家，买入那些跌到荒谬低点的公司股票。我花费了足够的时间学习经济史和巴菲特这样的投资家，我明白，这可能是一生中最好的购买股票机会。

为了做到这一点，我需要我的投资者——特别是我父亲，在这场风暴中保持冷静。如果他的流动资金耗竭了，我将更难应对别人的挤兑，难以在几乎每个人都感到恐慌的时候买入股票。我知道，我现在需要冷静地分析，但是我的股东们也在面临这些情感和经济压力，这为我增加了更多的精神负担。

其他方面的压力也不期而至。例如，我当时雇用了一个聪明、勤劳的股票分析师，视他为一个靠得住的得力助手。2008年秋天的一天，他来到我的办公室，那里是我最后的藏身之地，他就在那里告诉我，他已经卖掉了他个人经纪账户中的所有股票。"我把它们兑现了，"他说，"我要等待事态稳定下来，前景更加明朗了再投入。"

我一下子被震惊了。"你疯了吗？"我问道，我无法隐瞒自己当时的反感。这个家伙骄傲地宣称自己是一名价值投资者，我也付给他合理的报酬。我以为他拥有和我一样的思维，能够帮我把握住市场赐予我们的难得机会。结果他的情绪如此失控，他就这样被恐慌吓倒了。他对此束手无策。这是对当时形势压力的一个衡量——哪怕是一个聪明的高水平分析师，哪怕他之前曾为基金带来过一些高收益，也在此刻败下阵来。

后来，我决定再也不聘请任何分析师了，像往常一样，我应该认真模仿巴菲特和莫尼什才能做得更好，他们都没有聘请全职的分析师。无须赘言，他们都是在那些意志薄弱的投资者寻求现金的心理安慰时，买入大量的廉价资产。

在全球金融危机不断加剧之时，市场的混乱是难以想象的。不过，房产泡沫的爆炸还是震惊了我。就在几年以前，我曾密切关注巴菲特在伯克希尔公司年会上的一次讲话，解释他为什么不再持有房地美：在借贷标准和会计披露开始超出他们的理想范围时，他和芒格已经认出了早期预警信号。我还读到了对冲基金经理迈克尔·巴里所写的一些出色的投资报告，他中肯地解释了房地产和相关金融市场即将遭遇灾难的原因。在正确的智力环境中很重要：像艾因霍恩、巴菲特、芒格以及巴里这样头脑清醒的投资家，帮助我保持宽广的视野。

结果，我很好地遮开了最危险的区域。我回避了所有与房地产有关的业务，以及任何为它们提供资金的公司。与此同时，我的基金持有了类似天然气管道公司这样的股票，这大概是我能离房地产最远的地方了。钻探页岩气是一个增幅巨大的市场，管道则是把这些天然气从气田运输到用户的最便宜模式。

我当时确实也还持有一些金融股票，但是我敢肯定它们是安全的，有足够的流动性。例如，万事达信用卡并不直接参与资金市场，它提供了世界上最主要的两种支付系统之一。在我的证券组合中，距离危机中心最近的，是穆迪公司，该公司的信用评级指数给金融危机火上浇油。但是穆迪公司本身的财务报表没有风险：它只是发布有关不同公司信用等级的观点，而不是为它们提供担保。而且有大量的先例证明，它们不需要为自己表达的观点担负任何责任。

我努力工作，投资那些卖价远远低于它们内在价值的公司。它们都有高质量的护城河，它们都是巨大现金生产器。它们没有一家高度杠杆化，或者需要经常接触资本市场。**对于任何高度杠杆化或者需要持续融资的公司来说，信用危机都是非常危险的**，但是我选择的公司的长期健康状况看起来都很好。所以当我最初听说雷曼破产、流动性耗竭的新闻时，丝毫没有在意。

但结果是无处可躲藏，特别是对于我这样专注于长期证券组合的投资者来说，我的组合里共有15只股票。我成功地带领蓝宝石基金度过了之前的市场修正，包括1997年亚洲金融危机、1999—2000年高科技泡沫崩盘，以及2001年9·11事件之后的市场波动。**在蓝宝石基金的前十年里，我大幅超越大盘指数，为原始投资者们带来了四倍的收益。即使在我最糟糕的1999年，损失也只有6.7%。**

但是2008年又有了新情况。我选择的证券组合中从来没有遇到过这样的雪崩现象。连锁灾难从6月开始，那个月我的基金下跌了11.8%。接下来一个月，又下跌了3.5%。然后事态开始真正恶化。9月，基金下跌6.8%；10月，大跌20.3%；11月，再跌12.5%。在那一整年里，我的基金累计下跌了46.7%。从账面上来看，我的股东的钱、我的家族的钱，几乎有一半都化作了云烟。

在过去，我曾在写给股东的信里明确写道，从统计学角度来看，总有一天我的基金会跌去50%。你只需要看一看金融市场的动荡历史，就知道这种情况终将发生。当然，难题在于，如何预测这种雪崩现象何时发生。作为一个长期投资者，我的选择——从过去到现在，都不是妄图去给市场规定时间，那是不可能完成的任务，至少对于我来说如此。我也不会选择购买保险（例如，做空一个指数，或者购买看跌期权），因为这在减小波动的同时，也降低了你的长期收益。

对于我的性格来说，这种做法有效。从情感上来讲，我的2008年是痛苦的。但是我能处理这些巨大的账面损失，因为我懂得，它们没有反映我的投资的内在价值。我知道，只要自己没有迫于任何外力放弃，我就能坚持到彼岸，一切都会好起来。从某种程度上来说，我也对宏观经济做出了一个估计，认为我们不会重蹈当年大萧条的覆辙，因为我们的政策制定者懂得其中风险，他们会使用一切可用工具来避免灾难。

另外一个有利因素是，我对这种动荡事先有所准备。我成年之后所做的关键性财务决定之一，就是我永远不会寅吃卯粮，或者让自己陷入债务。我欠钱最多的时候，也就是信用卡里的几千美元，而且我总是会很快把它还掉。我从未租过车，或者按揭一栋房子。2008年，在市场崩盘的时候，我住在租来的公寓里，有足够的现金储备逃脱这场风暴。

这种金钱观深深地植根于我的家庭灵魂里。1936年从纳粹德国逃亡之后，我的祖父使用他所携带的全部积蓄——总共1000英镑现金，在以色列盖了一座房子，没有借一分钱。1977年，我的父母搬到英国以后，他们利用一部分钱，在伦敦房价较低的地区购买了一套房子。我在纽约北部购买住所时，也是使用现金交易，而没有按揭。我富裕的祖先在被迫逃离德国的时候，失去了他们的财产；在某些根深蒂固的层次，我非常担心这种情况会重演。理解了这是我的神经网络中不可或缺的一部分，我知道，我需要避免债务，因为它会干扰我理智行动的能力。类似地，我也不会用借来的钱投资，因为这会加剧我的压力，让我无法保持冷静和清醒的头脑。

我对债务的态度，也受到了巴菲特的影响——甚至在他告诉我们里克·格林使用杠杆投资的悲惨故事之前。有一次，巴菲特抵押了他在奥马哈的住宅，但是他不久以后就把贷款偿清了。在过去他经常说，他永远也不想陷入一堆债务之中，因为他不想发现，自己到时候处处受限的样子。在我们共进午餐的时候，我对他说，当我在以色列长大的时候，我的父母在带我们去度假之后，买不起电视机。他们会耐心等待自己能够买得起的时候，而不是借钱买。偶尔，为了犒劳一下自己，我们会到荷兹利亚高雅的丹·阿卡迪亚大酒店喝冰咖啡。那是一种节俭精明的享受生活方式。

从社会的角度来看，债务是至关重要的经济润滑剂。合理的债务是积极健康的。但是对于个体投资者来说，债务可能是灾难性的，当市场与你预期的方向相反时，这可能让你难以在游戏中继续立足——不论是从财务上还是情感上。

正如巴菲特2001年给股东信中所说的一样，"只有大潮退去的时候，你才能看出谁在裸泳。"我有一名股东是第三方营销人员，她从前曾劝我和她一起去欧洲举办一次盛会，吸引更多的投资者加入我的基金。她对基金的长期价值投资手段非常感兴趣，投入了200万美元。但是她对长期投资的信心突然瓦解了，并在2009年1月取出了她的钱。我感到非常惊讶。我不清楚，她是承受不了痛苦，还是单纯地承担不起我们当时的损失，迫切需要取出现金。但可以确定的是，她的绝望是一个几乎完美的信号，我们已经到达了悲观主义最严重的极点。几个月之后，市场开始触底回升。

除了这一家以外，我的机构投资者也都相继撤出，部分是因为它们自身需要补充流动资金。不过，我的大部分股东依然坚定如初，相信事态会出现转机。最重要的是，我的父亲——作为一名以色列老兵，他曾面对过生命危险，依然保持了惊人的冷静。在危机最严重的时候，在他的毕生积蓄几乎有一半都要化为泡影的时候，他问我，是否应该从基金里取出一些钱来。我说，这可能是最不适合把这些股票卖出的时候，我告诉他，我宁可搬到窝棚去住，也不愿现在撤资。

最终他没有撤出一分钱，虽然他只要一个临时通知就可以撤资。他的股份很大，足以直接让我的业务倒闭。但是他从未丧失对我的信心。回想起来，我才认识到自己当年站在巨人的肩膀上。没有他这个沉默的合伙人的力量，我不可能取得成功。

对于基金经理来说，股东赎回的事情可能随着压力和困难俱增。在危机之前，我的基金旗下有大约1.2亿美元资产。市场崩盘将之缩水到了勉强6000万美元。雪上加霜的是，股东们又赎回了大约1000万美元。这里的一个原因是，我的基金允许提前90天通知赎回，这让赎回变得很容易。其他一些对冲基金通过老奸巨猾的律师，在服务协议中深藏了对自己有利的条款，当时几乎停止了赎回。我认为这是极不公平的。

为了满足投资者的赎回请求，我不得不在从未见过的廉价环境中成为净卖家。一小部分投资者的撤资给我雪上加霜，使我更难理智行动，去利用这些廉价股票盈利。相反，我不得不分出来一部分精力，艰难地抉择应该卖出哪只股票。

这给我上了重要一课。那时候，我最羡慕巴菲特的，不是他惊人的智力，而是他的结构优势：他拥有永久性的资金用来投资，因为伯克希尔是一家公司，而不是基金。这意味着他完全不用操心如果股东赎回该怎么办。结果，他就能够在最完美的时机，投入大量资金购买股票。用巴菲特的话来说，**在投资时，性格比智商更重要**。这毫无疑问是正确的。但是我相信，拥有一个结构优势更加重要。

至于莫尼什，他也创建了一个基金，他只允许投资者每年赎回一次。在市场崩盘的时候，他的投资损失甚至比我还严重。但是他只需要在2008年底，处理每个客户在金融危机中的唯一一次赎回请求。这种结构优势赋予了他比我更大的空间，去仔细研究他购入的证券组合。与此相反，我的大部分投资者还持有一种股份，允许他们每季度赎回一次。从我使用这种结构建立这个基金，已经过去了十年时间：现在，这一次我终于为自己的错误付出了代价。这是一个有力的提醒，在创建之初就确定正确的结构，是多么的重要。

在危机的迷雾中，我还羡慕巴菲特与华尔街以及投资人群的物理隔绝。不像大多数专业投资者，他似乎完全隔绝了一度支配市场的恐惧和非理性。他阴暗的小办公室坐落在奥马哈的凯威特广场，他与凯威特公司分享这座建筑，该公司建造类似道路、桥梁、隧道之类的基础设施。对于逆向思维的投资家来说，这是个平静思考大众哪里出错的理想场地。

我自己的办公室——在曼哈顿的卡内基大厦，在金融危机的迷雾中，是个糟糕的地方。纽约处于危机的中心。那座大厦里也充满了可怕的投资专家，包括很多被击垮的对冲基金经理。每一天早上，我都要坐公交车去上班，觉得自己不应该在出租车上浪费钱。我穿过大厦的玻璃门，进入气势恢宏的大厅，那里散发着一股低调奢华的气息。当我第一次踏入这座大厦的时候，我就有一种华尔街之王的感觉。但是现在，我感觉更像是走进了一家医院。周围的所有面孔都憔悴忧伤。听起来可能有点夸张，我看到的大多数人脸上的表情，让我感觉他们好像是走在9·11事件发生后的曼哈顿。

当我到达25楼的办公室时，气氛也很可怕。在这残酷的几个月里，我的员工比平时更安静、更严肃了。没有愉快活泼的开玩笑。没有人想说话。虽然什么都没有明说，但是他们显然都在担心自己的薪水，默默拂去了求职简历上的灰尘。在过去，我总是半开着办公室的门。渐渐地，我开始把它关上，有意想要把外界这些情况隔离开，不让这种低沉干扰我的思考。

现在回顾金融危机，我很庆幸自己当时很好地控制住了自己的情绪。那时候，我有充分强大的情感立场，我不会屈服于所有这些沉重压力，不会因此而动摇。我一直坚信价值投资的永恒力量，这也帮助了我。这种方法已经为我有效运作了十年，我坚信从长期角度来看，它将继续为我带来收益——只要我能坚持到底。

不过，保持冷静和积极并不容易。我应对压力的一个方法，是使用我从托尼·罗宾斯那里学到的一种方法：学习我的英雄榜样，看他们如何成功化解逆境，然后想象他们站在我的立场会怎么做，这样我就能效仿他们的态度和行为。我使用的一个历史人物，是古罗马皇帝、斯多葛学派哲学家马库斯·奥勒留。晚上，我读他著作的《沉思录》中的格言。他写道，**我们应该怀着感恩的心欢迎逆境，把它当作证明我们勇气、坚毅和韧性的机会。**我发现，当我出现难以抑制的恐惧时，这一招特别有用。

我还试图想象，如果欧内斯特·沙克尔顿爵士（英国南极探险家）处于我的境况，他会有何感受。他在远征南极探险的时候，曾犯过令人扼腕的错误——例如，他本来可以将他的船"忍耐号"靠岸，但是他失败了，后来他又过早放弃了第一个营地。但他还是成功把这些错误抛在了身后，最终挽救了队伍里的每一个人的生命。这让我意识到，我自己的错误是整个过程中的一部分，是可以接受的。显然，我为朋友和家人管理财富，怎么可能从不犯错误，或者从不遇到任何意外风暴呢？和沙克尔顿爵士一样，我需要看到我并没有失去所有，应该继续坚持信念，坚信自己能够闯过难关，到达彼岸。

在这位已故名人的精神支持下，我努力保持了对自己的正确认识。我反复检查我选择的证券组合，再三确认我的持股有足够的能力生存下来。坚信自己的分析，我拒绝卖出哪怕一股我的主要投资，比如美国运通公司这样的股票。**到2009年3月，它的股票价格坠落到了10美元左右。我坚定持有，并在之后的几年里获得了9倍的收益。**

我持有的唯一风险较大的股票是车美仕。这是一家销售二手车的公司。它的股票几乎腰斩，但是鉴于它帮助客户获得低成本贷款的难度很大，我担心它那种业务模型可能崩盘。最终，事实证明我多虑了，连车美仕的股价也反弹了。只有在这个案例中，我让市场的恐惧情绪影响了自己的理性思考。这是一个有益的提醒，说明不论我多么认真地努力抵挡，我对不理智的恐惧也没有完全免疫。

　　与此同时，尽管面临股东赎回的负担，我还是买入了一些难以置信的廉价股票。例如，我投资了伦敦矿业公司，它的售价比其持有的现金价值还低。我增仓购买了布鲁克菲尔德商业地产公司股票，该公司所拥有的房地产，其市场估值低于重置成本。我买入了克里苏德公司的股票，这家阿根廷公司拥有大片的宝贵农田，而我免费得到了它们，因为它们整个公司股票的售价比它持有的IRSA股份价值还要低，后者是一家上市房地产公司。我还投资了澳洲金属集团，该公司开发了成本很低的海运铁矿石。铁矿石的价格当时已经崩盘，但是我相信，中国的需求还会增长。

　　这些都是一流的想法。不仅因为它们非常便宜，而且它们都有必将出现的催化因素。此外，他们都不只拥有强大的盈利引擎，还有大量的担保价值。所以成功的概率非常高。

　　所有这些投资想法，都源于我和莫尼什的交流，他的分析才华给我带来的裨益难以估量。他的大量想法和见解快速向我涌来，我有时候甚至来不及领会。莫尼什开玩笑说，我像是在"用消防栓水龙头喝水"。我们不断升华的友谊，是巴菲特午餐给我带来的最珍贵回报之一，这次难得的共同经历把我和莫尼什拉得更近。他慷慨地与我分享他那不拘一格的智慧，这令我感到吃惊，在整个金融危机期间，他帮助我进行正确投资的重要性难以估量。

总的来说，这就像是瓮中捉鳖手到擒来。在之后的几年里，随着全球经济复苏，渐渐恢复常态，这些股票全都开始飙升。例如，布鲁克菲尔德和克里苏德的股价翻了一番，伦敦矿业公司的股价翻了三倍。正如我当时意识到的一样，**这场金融危机可能是人生难得一遇的机会。**

我的核心股票选择流程是不错的。但是我能看到，我运营基金的一些基础方法需要改变，而这也是我运营自己人生的方法。金融危机让我看到，成功的投资不仅仅是认准伟大的股票而已。**我在惨痛的经验中学到，我必须给自己营造可能实现的最佳环境——给我的身体、我的头脑、我的情感，这样我就能更高效地操作，让我在面对金融危机期间那样的消极影响时，更加安全。**

和巴菲特、莫尼什一样，我需要更加留心去构造自己的环境。我无法复制他们的智力，但是我能够越来越清楚地看到，他们占据了这种结构性优势，所以我需要复制他们的环境的这些方面。

所以我决定按下重启键，做出了我人生中的最大改变之一：2009年夏天，离开纽约，前往苏黎世。

8

真理2
远离疯狂人群与噪音

创建我自己版本的奥马哈

THE EDUCATION
OF A VALUE INVESTOR

所有投资者都会遇到的最大麻烦之一，就是有太多的外力扰乱我们的思维。我们喜欢自认为是理性生物——从某种程度上来说，我们是，但事实值得怀疑。金融危机用野蛮的方式，有效证明了投资者是多么不理性，特别是在极端环境下的时候。

所谓的专业人士——包括我自己在内，也绝没有对这些扰乱思维的干扰因素免疫。我曾亲眼目睹了我的股票分析师、我的机构投资者，以及我的第三方营销人员在市场崩溃的压力下，在最应该买入的时候，疯狂地卖出了全部股票。沾沾自喜地谈论"大众的疯狂"可以让人安慰，但是如果是聪明人和金融精英也如此疯狂呢？根据我的经验，我们也有可能出现同样的疯狂。而且，常常是我们这类人在煽动这种疯狂。

思维本身是个糊涂东西，不幸被错误地安排了投资的任务。这本书不是科普书，也不是有关大脑结构的巨著，但是绝对值得花时间思考为什么会出现这种情况。

人们常常有一种误解，以为大脑只有大脑皮层一种结构，以为它会理性地吸收信息，处理信息，最后得出答案。获得2002年诺贝尔奖的心理学家丹尼尔·卡尼曼用"慢速思考"这个词来描述大脑的处理过程。对于我自己来说，我曾自欺欺人地把自己想象成战斗机飞行员，密切关注着战机座舱里的仪器表盘，做出最优决定，完全掌握飞机的所有平衡。

我们在很多好大学里所做的大多数事情，都是为了培养我们意识中这种理性、高层次思考的东西。我的朋友肯·叔宾·斯坦在哥伦比亚商学院教一个高级投资班。那是一门非凡的课程，提供了大量针对投资研究过程中的有用见解。但是所有这种学习和分析，都是基于一种假设，假设学生们在毕业之后，是用理性的新大脑皮层进行投资决策。问题在于，大脑中还有非理性的直觉部分——卡尼曼用"快速思考"来描述这种思考过程，实际上，我们的大部分决策都是这样完成的。

当然，我对这个无尽丰富的学科进行了过分简化。如果你想要进行更深入的研究，可以阅读更多卡尼曼、丹·艾瑞里、杰森·茨威格、约瑟夫·李杜克斯等人的详细解释。在阅读这些以及其他专家在行为金融和神经经济学的著作，我开始沉迷于人们奇怪、复杂的决策过程。例如，神经学家本杰明·李博特告诉我们，甚至在我们意识到做决策之前，大脑就完成了决策的动作。还有就是19世纪著名的菲尼亚斯·盖芝案例，他遭遇了一场事故，结果影响了一半大脑的正常功能；他看起来一切正常，但是不能做出理性决策。

同样令我着迷的，还有展示大脑如何处理不同时间到达的信号的研究：比如一个人动嘴唇的动作信号可以即刻到达大脑，而它发出的声音是之后才到达，但是我们感觉这些信号是同时发生的。换言之，我们的大脑构建了我们的现实，并没有很精确地反映现实。

这类研究帮助我认识到，大脑这个工具并没有我们想象的那么容易操控。在参与证券市场的时候，一个最大的问题就是大脑的非理性、直觉部分，会引发可怕的情绪波动，包括非理性乐观和非理性悲观情绪的爆发。当然，有关金钱的问题，常常能够激发我们大脑中的"非理性"部分。在金融风险加剧的情况下，如果我们感到自己处于危险境地，我们的非理性直觉就会被激活，然后大脑皮层就会把这种决策合理化。

为了理解我们作为人类（以及投资者）的本质，考虑我们进化时所处的环境也是有所裨益的。大致来说，解剖学上拥有较大大脑的人类已经存在了大约20万年。我们大脑中最近进化的部分是理性的新大脑皮层。但是在人类进化的大部分历史时间里，我们生活在差异很大的环境里。我们大脑中的很多思维结构发生进化，以便帮助我们的祖先在荒野中生存，他们靠狩猎和采集为生。这些原始的求生模式深植在我们的大脑中，很容易绕开新大脑皮层的存在。

我们也许都愿意把自己想象成伊萨克·牛顿那样理性的人，但是忘记我们天性中的另外一面是危险的。而且，牛顿本人是个名声不佳的糟糕投资者，鉴于他在1720年英国南海公司泡沫中损失了毕生积蓄，他当初还是提早离场比较好。正如牛顿讽刺的评论一样：**"我能计算出星辰运行的轨道，却算不出人们的疯狂。"**

问题不仅在于我们的大脑是高度非理性的。它还在于经济世界的运行方式是惊人的复杂。我在牛津和哈佛学习的高级经济理论，让我无视这种可怕的复杂性。在我开始投资几年以后，基金经理尼克·司丽普向我推荐了圣塔菲研究所，那是一家跨学科的研究机构。我知道，美盛公司著名的基金经理比尔·米勒，就是该机构的一名董事。所以我开始阅读他们的一些研究论文。

我学到的一个关键思想，是把经济看作一个复杂的动态系统。经济学家憎恨这种概念，因为我们无法给复杂动态系统建模，或者使用曾经学过的数学知识来部署它。我们还倾向于那些引人注目、和谐的、难学的思想，比如一般均衡理论。这种理论提供了一种非常好的标准规范，解释这个世界应该如何运转，这对政策制定者可能是有用的指南。但是在实际中，它会扰乱我们的直觉。

像比尔·米勒和查理·芒格这样博学的投资家很快就认识到，这些标准的经济世界模型，并不能充分反映市场实际——生物模型可能更好。受圣塔菲研究所的启发，我阅读了伯特·霍德伯勒和爱德华·威尔逊合著的《蚂蚁的故事》。该书大部分内容致力于描述蚂蚁种族使用的不同生存策略，挖掘这些不同种族是怎样共同进化，并相互竞争的。这一本书教给我的经济学知识，比我在大学里几年学到的都多。这听起来有点疯狂，但确实如此。为什么呢？因为一个蚂蚁群落，就像经济世界一样，是一个复杂动态系统。阅读有关蚂蚁的知识是一种启发。例如，研究发现蚂蚁群落中有一套基本运行规则，让它们能够解决无数的生存难题。

我一直认为，我是在寻找有用的模型，能够帮我分析金融和经济世界。我想到了芒格以及他思维模型的网格结构，所以我送给他一本《蚂蚁的故事》。令我感到欣喜的是，他回复了我一张简短的手写便笺，说他早就想读这本书。与此同时，我开始努力花更多的时间阅读生物书籍。这些研究深化了我的感觉，有助于我把经济看作一个不断进化、无穷复杂的生态系统。公司就像是蚂蚁种群，必须采取一定的策略，才能让自己兴旺发达，不然就会面临灭绝的危险。

我很快发现，其他领域的复杂性研究也提供了一些模型，可以帮助我们理解经济世界的运行方式。例如，丹麦理论物理学家珀·巴克进行了一项经典的堆沙研究，展示了不断在一个地方堆沙子时的情形。最终，沙堆达到了一种"自组织临界状态"，随后就会发生坍塌，但是无法预测它们坍塌的准确时间或形状。这个模型为我们提供了一个观察市场崩盘的直观情景，两者的崩溃情形有诸多类似之处。对于投资者来说，底线就是要避开这种自组织临界危险状态，这就是2008—2009年证券市场崩盘之前所发生的情形。

关键是，我在大学里学到的完美的经济学理论，并没有如此贴合地描述经济或金融市场的真实复杂性。与此同时，我还认识到，面对这种极端复杂性，我们的大脑能力显得微不足道。对于投资者来说，这种不平衡是一个严重的问题。这就是我们的处境——**有点不理性的大脑，以及被过度简化的经济学理论，怎么可能指望去搞清楚这个复杂的难以置信的世界呢**。我们的机会在哪里？

这对于每一个投资者来说都是一个非常实际的挑战。那么，我们是否有办法提高我们在这个困难重重的游戏里的成功机会呢？随后几章会讲解这个问题。

回想起来，我当时应该多多怀疑在大学学到的经济模型才对。你听到这个应该感到高兴，我不会讨论那些冠冕堂皇的理论来烦你，比如莱克—斯克尔斯期权定价模型、凯恩斯宏观经济学和粘性价格、IS/LM宏观经济模型、理性预期、赫芬达尔产业集中指数、多恩布什（汇率）超调模型等等。

当然，如果你打算到门萨俱乐部（编者注：于1946年在英国牛津创立的一个以智商作为入会标准的俱乐部）的鸡尾酒会或者央行行长聚会上寻找邂逅，那些性感的知识可能更有用。它们还可以让你获得优等生或者优秀教学的名头。但是根据我的经验，它们在投资这件事上没什么用。问题在于，这样的经济学理论总是基于一些理想假设，假设这个世界是如何运行的，而不是基于我们真正生活所处的混乱现实。

不过，我在大学里还是学到了很多有用的东西，是不应该被抛弃的。例如，任何严肃的投资者都必须懂得如何阅读一家公司的财务报表。这可不只是简单地理解现金和应收应付账款的区别。他们还必须理解可以用来调整营收数字的不同会计规则，更不要说区分营收质量上升或下降的能力。如果你已经拿到了工商管理硕士或者注册金融分析师证书，你就已经摸清了这种分析的基本技巧。如果没有，也有很多书籍可以学习这些基础知识，包括本杰明·格雷厄姆、戴维·多德、马丁·惠特曼、约翰·米哈耶维奇、塞思·卡拉曼以及乔尔·格林布拉特等人的经典著作。

不幸的是，大多数投资书籍都倾向于关注技术技巧。学习一些类似投资回报、市盈率这样的基本知识是很好。但是这些东西并不难，而且它们只能教给你这么多。任何一个上过商学院的人都能指出，怎样分析季报、年报以及其他金融文件。在我看来，真正的挑战在于大脑本身——是它把我们带到了现在的处境——它是最薄弱的环节。它就像是一条小船，漂荡在不理性的大海里，随时可能遭遇不期而至的暴风雨。而且，哪怕是最聪明的神经学家，也无法完全理解它，就更不要说投资者了。

当我开始研读行为金融学和神经经济学的时候，有一种兴奋的感觉，觉得自己是在探索一些大脑如何工作、如何出故障的最深奥秘密。但是，一开始，我错误地以为我能够依靠自己的脑力克服这些非理性倾向。在我读到大脑的弱点时，我会自作聪明地点点头，给自己鼓气说，既然我已经了解了这些思维绊索在哪里，我就不会再被绊倒了。但是我后来渐渐发现，智力知识和自我警觉是远远不够的。困难就在于，我们不可能用大脑逾越大脑。所以就算我们知道了思维中的这些弱点，它们依然是最脆弱的环节。

那么，应该怎样解决这个问题呢？我希望通过分享我至今所学到的，能够对你有所帮助。

在痛苦的经历中——包括在D. H. 布莱尔投行和金融危机期间——我发现，完全驱逐错误假设进行理性思考并不容易。相反，我发现我作为投资者的唯一优点就在于，我能够谦虚地认识到自己的大脑是多么的不完美。只要接受了这一点，我就能基于对自身思维雷区的警惕，设计一系列实际可行的解决方法。

碰巧，在我的情况中这个雷区可能特别危险。大约在2004年，一位在西奈山医学院任教的朋友邀请我参加其同事玛丽·索兰托的一项匿名测验。她实施了一系列测验，最后总结认为我有注意力缺乏症。测验显示，我有时能够高度集中注意力，特别是在压力较大的时候，但是在普通的生活情景中，我也同样可能陷入注意力陷阱。我能够想出一些伟大的想法，但是我的注意力太容易转移，以至于把握不好一些基本事物，比如经常忘记时间，或者想不起自己放钥匙的地方。

为了解决我的注意力缺乏症，我需要设计一组简单的解决方法——例如，在我的办公室安装一个大时钟，帮助我留意时间；保持桌面整洁，以减少分心之物；把东西放在固定位置，这样我就不会经常丢三落四。在聘请私人助理的时候，我特别强调这个工作的一个重要部分，就是监督我，让我不要把一些简单的事情搞砸，比如赶飞机、按时赴约、离开办公楼时关门等。

事实证明，所有这些建立解决方法与断路器努力都是有益的——不但解决了我的注意力缺乏症，还帮助我成为一名更加优秀的投资者。事实上，我们所有人的思维都有短板，虽然你的短板和我的可能大相径庭。带着这种意识，我开始认识到，投资者为自己创造良好环境，克服自己的思维短板、癖好和非理性倾向是多么重要。

搬到苏黎世之后，我投入了大量精力来为自己创造理想的投资环境——在这个环境里，我能够更加理性地行动。目标并不是要变得更聪明，而是营造一个更好的环境，在那里我的大脑能够少受分心和扰乱因素的极度困扰，分心与扰乱因素会加剧我的不理性。对于我来说，这是改变一生的想法。我希望，在这里我能够更加公允地进行投资，因为它从根本上改善了我的投资方法，同时还给我带来了更加幸福、更加宁静的生活。

我们将在第12章看到，不仅是我的环境可以改变。**我还会彻底改变我的基本习惯和投资流程，以此来解决我可能存在的不理性问题**。我的大脑依然是不可救药的不完美。但是这些改变可以极大地提高我在场上的优势。对于我的思维来说，这远比关注分析师的季度收益报告、托宾的Q比率，或者学者们没用的市场预测有用得多——那些噪音占据了大部分投资者的耳朵。

金融危机确定无疑地告诉我，**控制大脑中的非理性因素，必须成为我管理证券投资组合不可或缺的一部分**。它还突出表明，我想在曼哈顿做到这一点是多么难。我们总会受到各式各样的干扰，在纽约，这里有焦躁不安的能量、竞争性的精神、大笔的财富，加剧了我自己的某些不理性天性，它们不利于良好的投资。我需要找一个地方，在那里不受他人期望的压力，不受纽约这样疯狂的活动冲击，我可以在那里宁静地思考，并进行长期投资。

这并不是说，纽约不适合给任何伟大的投资家作为基地，大卫·艾因霍恩就是在那里发家的，红杉基金的经理们也是如此。但是我认为，对于我这样从外地来到纽约的人，由于在当地缺乏基础，不像当地人一样有稳定的情绪，把这里当成基地更加困难。对于外来者来说，很容易因为放纵的欲望而失衡——包括贪婪和嫉妒——纽约和伦敦这样的金融中心很容易激发这些心理。

借用纳西姆·尼古拉斯·塔勒布《黑天鹅：如何应对不可知的未来》中的一个经典说法，这些大城市都是"极端斯坦"。就像我们在很多研究中看到的一样，我们自己的财富与邻居之间的差异，会在很大程度上决定我们的幸福与否。如果是这样的话，看到像黑石集团的史蒂芬·施瓦茨曼这样以纽约为基地的百亿富豪，或许会触发我非理性大脑中的不稳定反应。除非我们有强大的方法应对这些扭曲思维的力量，否则我们就无法避免被它们打乱进程。例如，接近这么多极端富有的人，可能诱惑我在投资上孤注一掷，从而无法冷静地集中精力，不冒风险地创造较好的收益。

至少对于我来说，住在一个差距不是那么极端的地方似乎更为明智。鉴于自己那一堆缺点和脆弱点，我认为在塔勒布所说的居住在生活更加平凡的"平均斯坦"的地方，将更适合我理性做事。

所以我开始积极考虑离开曼哈顿。有一阵子，我曾严肃考虑过搬到奥马哈，因为巴菲特在那个地方做得那么好。我也考虑过莫尼什生活的加州尔湾市。我还考虑过波士顿、大溪城、博尔德等美国其他相对较小的城市。我还考虑过一些非常低调的欧洲城市，比如慕尼黑、里昂、尼斯、日内瓦和牛津。

但是到最后，洛丽和我选择了苏黎世。我小时候经常去那里，一直都很喜欢那里。最近，我又看到一些研究，通常都将苏黎世列为全世界生活质量最高的城市之一。其中原因不难探究。这个城市小巧、安全、规模不大但建筑精美、空气和水质清洁，还拥有顶级的基础设施建设。那里有很好的公立学校，距离漂亮的山脉和美妙的滑雪场只有几分钟车程，从市中心可以很快到达出色的机场，有航班可以直达纽约、旧金山、新加坡、上海、悉尼等地。

虽然苏黎世的生活成本高昂，它依然是个高度平均化的城市，因为那里的每一个人都能够或多或少地得到同样的东西——从纯净的湖泊到公共游泳池，后者比我在纽约北部华丽的乡村俱乐部里的私人游泳池还要好。类似的，苏黎世的公用交通系统也无与伦比，它非常高效，以至于当地的亿万富翁也使用它。富人并没有生活在大众无法企及的世界里，这种现实减少了纽约、伦敦这种城市很容易感受到的嫉妒和匮乏感。

我并不想说苏黎世是完美的，但是它还有一个打动我的地方：它是建立在信任基础上的。例如，在铁路系统中很少检票，也没有自动检票机。在商场里，顾客一般都凭信用购买葡萄酒和其他商品，商场会把货物和发票一起送到家。居民们都是这个值得信任的网络中的一员，这也给他们带来了最大的好处。从某种程度上来说，这就是巴菲特眼中的生活。巴菲特以极大的信任对待他公司里的经理，赋予他们自主决策的权力，而他们的回报，则是做每一件事都不辜负他的期望。

苏黎世能打动我，还因为这是一个可以宁静心灵生活的地方——安静、舒适、没有太多事情略显平淡的环境。在这里，我可以不受打扰地专心于我的家庭和基金。有时候会有人问我，"但是在那里不无聊吗？"我的回答是："无聊很好。作为一个投资者，这正是我想要的生活。"因为分心是一个现实问题。我真正需要的是没有过度兴奋的、淳朴、不引人注目的背景环境。而且，我肯定不是第一个发现苏黎世有益于清醒思考的人。在历史上，这座城市为自由思想提供了场所，居住过卡尔·荣格、詹姆斯·乔伊斯、理查德·瓦格纳、列宁以及阿尔伯特·爱因斯坦等人，蒂娜·特纳之类的就更不用说了。

在苏黎世，我不会被投资公司的人团团包围，这一点也很重要。这样就很容易逆向思维，而不必担心他们的想法会渗透到我自己的思想中。苏黎世远离大家的路线，所以不会有太多人来拜访我；最关心我的朋友和亲戚会来，而我不必花太多时间去维护生活中不太重要的关系。这听起来可能有点冷酷无情，但是在我构建适合自己特殊性格特点的环境时，这些事情都是需要考虑的。毕竟，我搬到苏黎世，是一次从头再来的机会，可以把我学到的如何更有效行动的知识加以实践。我不想把它搞砸。

然后，我开始寻找完美的办公室——我的新环境的另一个关键要素。一开始，我犯了个错误，在班霍夫街租了一个办公室一年，那条漂亮的街道是苏黎世自己的"极端斯坦"。那是一个高级地区，到处都是物价昂贵的商场。但是像这样的顶级富人环境并不是我的理想环境，因为它们会激发我不健康的欲望。所以我很快决定，搬到了河对面的另一处办公室，离班霍夫街的浮华与诱惑有15分钟路。对于我来说，这是个感觉安全的距离。

心理学家罗伊·波美斯特曾说明，克制力是一种有限的资源，所以我们必须小心谨慎，不要把它用竭。事实上，他的实验室发现，哪怕只是拒绝巧克力饼干的诱惑，也会减少人们在之后的任务中的意志力。根据我的经验，我不想浪费有限的能量去抵抗自己可能产生的嫉妒与贪婪，而班霍夫街却是一个能激起这两种情绪的地方。更好的做法是构建适合我的环境，让我免受这些不良外力的影响，它们可能加剧我的不理性。关键是，要把我的思维从所有不必要的脑力思考中解放出来，这样我就可以把精力投入到更有意义的任务中，给我和我的股东带来更多好处。

在我思考这些问题的时候，我还开始认识到，不论是出于有意还是无意，其他我所敬佩的投资家们也采取了类似方法，打造他们的环境。比如莫尼什，他的办公地点在南加州一个普普通通的办公园区，附近没有任何金融机构。我曾问他，为什么不去尔湾市繁华的商业中心，在他最喜欢的酒店旁边找一处更吸引人的办公室呢？"哦，盖伊，"他回答说，"我不需要那样的喧哗！"我确信无疑，他一定懂得周围环境对自己思维的影响。

与此类似，全球最成功的投资家之一，塞思·卡拉曼在波士顿一处低调静谧的地方工作，也远离了华尔街的狂热。如果他想要的话，他可以很容易租下一层俯瞰查尔斯河的摩天大厦的顶楼。尼克·司丽普把自己在伦敦的办公室选址在国王路的康沃尔饼店隔壁，远离了奢华的梅费尔区，虽然那里是英国对冲基金云集的圣地。白河投资的经理艾伦·贝内罗，工作在旧金山一个朴素的办公室里，同样远离该市的金融区。而巴菲特，则正如我们所说，则在奥马哈的凯威特广场里大显身手——那栋大楼也从来不以繁华著称。

这些投资家们的这一共同特点虽然没有得到人们重视，但我认为这是他们取得成功的一个重要而重大的因素。所以，我想要创造自己版本的奥马哈，也就不足为奇了。

我和巴菲特不一样——不只是智商有差距。例如，我很在意办公室里有赏心悦目的视野，而他不在乎这样的审美细节。事实上，我经常探出头看户外的树木或者其他类似美景，而他在办公室期间对此视而不见。但是在其他很多方面，我有意模仿他在奥马哈创造的环境。例如，巴菲特的住所到办公室大约十分钟车程，离市中心都很远。莫尼什在尔湾市的办公室离家大约也是十分钟车程，同样远离市中心。我效仿他们，选择了一处远离市中心，步行到家需要二十分钟、乘电车七分钟的办公室。

对我来说，远离市中心是有好处的，部分在于这样极大减少了时不时顺路造访的人数。客人需要更强大的理由才会努力来一趟，所以他们的来访会更有价值。

这些做法都是深思熟虑的结果。例如，莫尼什和我曾专门讨论过通勤时间，得出的结论是，理想通勤时间应该在十到二十分钟之间。这样的距离很近，能够提升一个人的生活质量，但是也足够远，可以把工作和家庭有效分隔开。对于我这样工作压力很大的人来说，这样的分隔很重要。我们需要照顾家庭，花时间待在家里，而不是完全被淹没在工作中。出于同样的理由，培养一点业余爱好也很重要。在业余事项中，我喜欢跑步和滑雪，它们不仅能让我更加健康快乐，还能清醒我的头脑，让我超然于情绪和市场波动之外。如果我把时间都花在办公室里，一门心思分析股票，我敢肯定，我的决策和投资收益会受到自身健康和家庭生活的影响。

无论如何，每一件事都是相互关联的。我创造更好环境的初衷，是为了提高收益率。但是这些决策给我带来了更好的生活。

在办公室的时候，我也同样认真地创造更好的环境，帮助自己克服执拗的神经，理性、高效地进行操作。再一次，它有助于我了解自己——并相应地调整自身状态。如前文所说，我的一个缺点就是很容易分心，我在设计自己所处的环境时，需要考虑这个问题。我不像巴菲特，他不需要电脑和电子邮箱就能够进行出色的操作，而我需要依靠电脑。但我也意识到，互联网和电子邮件会吸引我分心。为了克服这个问题，帮助自己保持专心，我把办公室隔成了两部分。

在走廊的一端，是我的"办公室"，那里有一部电话、一台电脑，还有四台显示器。不过我把电脑和显示器放在一张能调节高度的桌子上，我一般会把它们的高度调高，这样我就必须站着才能使用它们。回复邮件是一件低脑力工作，但是很容易长时间地沉浸其中。所以我故意这样安置电脑桌，阻止自己坐在电脑旁。这看起来或许有悖人情，但是我的目标是在办公室创造一个空间，能让我安静、镇定地思考。像这样调整电脑位置的小细节，有助于给我积累机会。

在走廊的另一端，有一个被我称为图书室的房间。那里没有电话，也没有电脑。我希望鼓励自己花更多的时间坐下来思考，所以这个房间布置得温馨惬意。我可以抱来一堆金融档案在这里研究，或者从墙边的书架上挑一本书细细来读。如果我关上门，就意味着不许任何人打扰我。这间图书室同时还是休息室。巧合的是，莫尼什也在办公室午休，而巴菲特告诉我们，他的办公室里也有一个可以小睡的地方。这并非懒惰——或者起码说，不完全是懒惰！白天小睡一会儿，可以保持头脑清醒，排除噪音，为重启系统提供机会。

尽管这些看上去好像是琐碎的小事，但即便是你办公室的装修风格都很重要。想一想牛津大学，那里的食堂里，挂有杰出校友的画像。从某种程度上来讲，他们的存在给在校生们发出了一个激励信号。我以类似的方式在办公室里摆了一座查理·芒格的青铜雕像。我并没有把他奉若神明，但是我希望用他的存在来激励自己——至少可以提醒我，他在哈佛大学演讲时所指出的24种错误判断的危险。类似地，我还在办公室和图书室里摆放了我、莫尼什和巴菲特共进午餐的照片。

我无法在严格科学的层面上解释这些。但是我感觉，这种模仿神经帮助我们效仿生活中的伟大人物。想象芒格和巴菲特就在我的办公室里，我会下意识地让他们影响我的思维，努力在场上获得优势。我觉得这是一种很常见的现象。在我游览温斯顿·丘吉尔在查特维尔庄园的学习室时，我被他书桌上的物品震惊了，其中包括一尊拿破仑的半身像，一尊纳尔逊海军上将的瓷像，还有一张南非总理克里斯蒂安·斯穆茨的照片。我不认为摆放这些只是为了装饰。我想，丘吉尔或许曾在某个时刻问自己，如果这些著名领袖处在他的处境会怎么做。类似耶稣受难像之类的宗教物品也可以认为具有类似功能，为虔诚的信徒提供指引，改进他们的行为。鉴于模仿的力量，用心选择我们心中的英雄和榜样人物非常重要。

在我的办公室里，还有我父亲和其他一些早期投资者的照片，其中有一些是我父亲的商业伙伴。这能提醒我，我是在为谁工作，这样我就永远不会忘记自己对股东的责任。后来，我甚至想过请一位摄影师，为我的所有投资人照一张黑白照片。

大约在我们共进慈善午餐一年以后，沃伦·巴菲特慷慨地邀请莫尼什和我到他在奥马哈的办公室做客。我很有兴致看一看，他是如何布置自己的环境，从而强化自己理性决策能力的。或许他的办公室的最突出特点，就是里边很少有东西会扰乱他的思维。他那里只有两张椅子，没地方开大会——这种做法意味着不鼓励不必要的交流。他的百叶窗是关着的，估计可以帮助他专心于手头上的工作。

在他办公桌后的墙上，巴菲特挂了一个他父亲的照片，那是他崇拜的人——霍华德·巴菲特。在洛温斯坦给巴菲特写的传记里，把霍华德描述成了一个"坚守道德"的国会议员，他"拒绝公费旅游的邀请，甚至连部分自费的也不参加。在他的第一个任期内，国会议员的年薪从10万美元涨到了12.5万美元，霍华德把涨的钱放在国会大厦的出纳室，坚持说自己是以较低的薪水被选举为议员的"。不难看出他对巴菲特的影响，巴菲特运营伯克希尔公司所拿的低薪，反映了一种类似的无私正直。除此之外，这张照片也提醒我们，在营造自己的工作环境时，把我们榜样人物的形象置入其中是多么的有益。

至于巴菲特的办公桌，它实在是太小了，放不下任何杂物，这迫使他专心高效地读书。在他办公桌的上方，有一个贴着"太难"标签的信箱——这一可见的物品，提醒他那些他在等待的明显的伟大投资机会，就好像是高尔夫中两英尺轻推入洞的机会。他那个"太难"的信箱标签有戏谑的成分，但是它必然也会对他的思维方式产生微妙影响。当然如果巴菲特没有杰出的思维，这些提示也没什么帮助。但是像他这样一个聪明绝顶的人，也需要在办公桌前放这样一个信箱，好让自己的思维保持正轨，这就很有意思了。对于我来说，这显示出了他对自身能力的一种非常谦逊的态度。

我还发现，在巴菲特的办公室里，没有彭博资讯终端机。显然，在大楼的其他某个房间里肯定有一台，由伯克希尔公司某位管理证券组合的经理使用。巴菲特想用的时候可以随时用它，但是他有意没有把这根信息水龙头放在触手可及的地方。

类似地，在拜访尼克·司丽普在伦敦的办公室时，我好奇地发现他把彭博资讯终端放在一个非常别扭的位置，只有坐在一个很不舒服的矮凳上才能使用。和巴菲特一样，他有意这样设计自己的工作环境，不鼓励自己使用这台每年租金超过2万美元的终端机。为什么要这样做呢？不管怎么说，持续不断的信息流都必然是所有专业投资家的生命之源。

我自己与彭博终端机的关系也是这样矛盾磨人。它是一个强大的工具，有时候我发现，它作为一条获得股票数据或新闻的快速渠道是有益的。在我身处纽约旋涡的那几年里，它还有支撑我自尊心的双重作用，让我感觉自己是一个俱乐部里的特权会员，能够负担起最昂贵的玩具；没有它，我在同行面前或许就感受不到平等。但是除了这种愚蠢以外，使用彭博终端机或者路透社、FactSet公司的类似终端机，还有一个严重的负面影响。

所有这些产品——特别是人们梦寐以求的、业内一流的彭博终端机，在设计时，都以信息永不停息的承诺来吸引客户。终端机不间断地把新闻和数据洪流传入投资者的大脑，人们很难调用自我约束的原则，关掉这个龙头，专心于最重要的事情上。你能看到股票在你的眼前飞舞，新闻提示竭力召唤你的注意力。每一件事都与其他事物有关联，所以你常常会发现，自己被拖入到这个信息世界里越来越深的地方。

最开始，我完全上钩了。在我作为基金经理的前几年，我在到达曼哈顿的办公室之后，马上就会启动我的彭博终端机。它就像圣诞树一样亮起来，它明亮的光线颜色会在潜意识里激励使用者的行动。但是随着我警惕性的提高，我逐渐认识到这种号召对我一点帮助都没有，无休止的信息冲浪也没用。我开始问自己，"这真的是对我的精力的最好和最高运用吗？"如果我的意志力有限，我应该花费多少意志，来抵抗沉迷于这种信息糖果的诱惑上？

在金融危机期间，我比以往更加清醒地看到，不健康地对彭博终端机上瘾会导致什么情况。持续不断的坏消息很容易加剧我的非理性倾向，而此时我最需要的是屏蔽噪音，全力聚焦于我的证券组合的长期健康。于是我突然间完全停止了对它的使用。在2008年下半年和2009年上半年，在市场崩盘的时候，我整天关着显示器。我让自己远离彭博终端机的另一个小技巧，是暂停了我的个人账户，不过我们依然有一个公司账号。我还改变了显示器主屏幕的颜色主题，让它看起来暗淡柔和，防止明亮、刺眼的颜色扰动我的不理性大脑，把不必要的错误行为减少到最少。

在苏黎世成立我的办公室时，我必须再次决定，怎样处理彭博终端机这个难题。当时，我已经习惯了这个服务。从心理上说，放弃它会让我感到难受。我也知道，它有时候是非常有用的。但是我同样担心的是，它的弊大于利。所以，最后我做出了一个艰难的妥协。我把它放在办公室里一个高度可调节的桌子上。事实上，我调整的桌子高度，迫使我必须站着使用机器，这意味着我将很难被诱惑连续使用它几个小时，陷入毫无益处的注意力分散的状态。现在，我经常连续几周都不会打开彭博终端机。但是，只要我需要，它依然在那里——我自己的、一个蹒跚学步者安全毯的昂贵版本。

当然，我大脑中的理性部分告诉我，我最好完全摆脱彭博终端机。为什么要每年花2万美元来让自己分心呢？没有它我一样可以做得很好。但是我接受了自己可能出错的现实。我并不假装自己能够做到完美理性，我发现诚实面对自己的非理性方面会更好。至少，这样我能够采取实际措施，帮助自己控制非理性的自己。或许这是我们每个人所能做到的最佳选择。

9

真理3
永葆童真与好奇心

学跳踢踏舞

THE EDUCATION
OF A VALUE INVESTOR

在搬到苏黎世的时候，我决定，我还需要改变生活中的其他一些方面。这并不只是为了创造一个环境，让我变得更加理性、更少分心、更加冷静。我希望改变自己的生活态度。

2008—2009年的经历太深刻、太强烈，它让我很难继续保持平衡。这对投资者来说是最大的挑战。很明显，我有必要保持心理健康，享受舒适的个人生活，并维持一定程度的平静心情。事实上，**如果你投资之外的生活出问题了，陷入了混乱，或者受到了抑制，那么你很难进行良好的投资。**

伟大的投资家不经常公开讨论他们遇到的情感问题。但是乔治·索罗斯曾写道，有时候，他不敢肯定是自己在操控自己的基金，还是基金在操控自己，这多多少少反映出了一些投资的压力。与他相反，巴菲特曾说，他每天早上跳着踢踏舞去上班。他的幽默感和对桥牌的爱好反映了他对生活的热爱和享受。他已经找到了自己的挚爱，并乐在其中。

我想给自己的生活注入更多的快乐，重新找回我失落多年的欢乐心情。在金融危机期间，我的职业一度陷入危险。市场的大屠杀如此惨烈，无数基金灰飞烟灭。甚至连比尔·米勒这样著名的投资家也受到重创，他们的名声也受到严重的——或许是永久性的打击。我所知道的最聪明的投资家之一，一个比我早一年从哈佛毕业的师兄，损失了80%的财富，被迫关闭了他的基金。他只有40岁出头，但是他曾一度辉煌、作为投资家的生涯显然已经结束。对于我的投资来说，这次危机也是九死一生。它迫使我重新考虑，我想过什么样的生活，什么对于我来说是真正重要的。

在灵魂探索的过程中，我开始看到，我过去把自己的视野限制在职业里，把它当作毕生的奋斗目标。我的做法太极端，我不仅想成为伟大的投资家，还想成为沃伦·巴菲特。**多年以来，我几乎是疯狂地让自己专注于实现目标，好像我的考试成绩、我的大学表现、我的基金收益就是一切，好像它们会决定我是谁，好像它们会决定我的价值。**

或许这来源于我的英国教育气质。在11岁那年，我进入了英国一家寄宿学校，那里有来自伊朗、以色列和南非的移民儿童。学校里的每一件事都让我感到挑战，我当时感觉一切都是为了活下去。从某种意义上来说，我不知不觉把这种态度带入了我的成年生活，把我的投资职业看作一种角斗士竞赛。直到金融危机的时候我才觉醒过来，迟到地认识到，这样把生活当作你死我活的战场是没必要的，这样根本得不到幸福。

我需要快乐起来。或者形象地说，我想要学跳踢踏舞。

作为重塑自身的一部分，我决定寻找更多的乐趣。其中一点就是，我开始更多的旅行。例如，2009年，我和莫尼什进行了一次为期十天的印度之旅。在过去，我从未想过要进行这样的冒险活动。我感觉自己有义务一直工作，所以我说服自己，我需要待在家里，时刻关注我的股票证券组合。我那次去印度没有任何规划，却是一次收获颇丰的经历，帮助我重新认识这个世界。

其中，我观察了莫尼什著名的达克沙那基金，该基金旨在尽力帮助儿童教育。我在那里看到，很多印度人虽然只有很少的物质资料，却在幸福地生活，这听起来像是陈词滥调，但它确实深深地打动了我。它帮助我认识到，我们这些生活在富裕国家的人，价值观会变得多么扭曲。此外，我能观察到莫尼什在非职业环境中的表现。对于我来说，观察他错过约会的反应、对待举止粗鲁的人的方式，都是一种教育。我很少遇到这样的人，能兼具他的冷静镇定和理性平和。

在那次旅行中，我们还参加了在迈索尔举办的TED印度大会。我喜欢这个会议。在之后的几年里，我参与协办了TED苏黎世大会，出席类似瑞士巴塞尔艺术展这样的活动，并更多参与支持牛津、哈佛、以色列魏茨曼科学院这样的机构。我不知道，这些事情能否把我变成更好的投资者，但是它们确实开拓了我的思维，给我带来了很多有趣的朋友，让我的生活充满力量。同样重要的是，这些活动是诚实地面对我自己的另一面。

与此同时，在苏黎世我刻意回避一些类型的人。我曾提到过，在瑞士生活，住在远离市中心的地方，让"错误的"人更难来拜访我。他们需要有一个合适的理由，才会做出这番努力，这是一个有用的过滤机制。搬到苏黎世，使我以快刀斩乱麻之势，断绝了与基金营销人员、证券分析师，以及其他职业"帮手"之间的不健康关系，他们无助于我远离纽约模式生活、享受美好生活的目标。

但是我也没有打算闭门造车。我愈加想要投入大量的时间和金钱，四处周游去拜访一些重要人物。我和肯·叔宾·斯坦去了以色列。我飞往加州，和莫尼什在一起待了几天，还是没有任何计划，只是快乐地和我喜欢崇敬的人在一起聚了几天。莫尼什和我还成立了一个才子群——

格栅俱乐部，其中有八名成员，我们每隔几个月聚会一次，分享生活中的酸甜苦辣，并相互支持。这个俱乐部帮助我更加开诚布公，以更加系统的方式反省自己。此外，我还与我的朋友约翰·米哈耶维奇在苏黎世创建了一个名叫"价值投资"的年会，把相似思维方式的人们聚到一起，分享投资理念和智慧，并在克洛斯特斯的滑雪场和饭桌上打造友谊。2014年，来自全世界的70多人云集瑞士，参加了我们的"价值投资"年会。

我一直很喜欢运动。但是在搬到苏黎世之后，我开始以更大的热情投入其中。我每周进行几次跑步或骑车，周末还会带孩子们去滑雪。

类似地，我还重新发现了自己对游戏的热爱，特别是因为金融危机给我的启示，更新了我对放松自己、快乐生活重要性的认识。大约在2007年左右，在莫尼什、巴菲特、芒格、比尔·盖茨等人的影响下，我开始玩桥牌，他们都是桥牌爱好者。最开始，我加入了曼哈顿桥牌俱乐部，并开始上课学习。在我学会了基本技巧之后，很快认识到桥牌不仅是一种好玩的娱乐活动，它还有助于我提高生活技能，当然也包括投资在内。

当然，作为投资的准备活动，桥牌真可称为一种极致游戏。如果让我酝酿一份价值投资课程表，桥牌无疑会位列其中。在我开始发现这种游戏的精妙之处时，我也留意到了查理·芒格对投资的精彩评论，他在一场有关人性误判的讲座中说："正确的思维方式，是泽克豪泽玩桥牌的思维方式。就是这么简单。不过你的大脑很难天生就知道，泽克豪泽在玩桥牌时候是怎么想的。"理查德·泽克豪泽是一位政治经济学教授，也是冠军桥牌玩家，并担任哈佛大学投资决策及行为金融学高管培训项目主席。他是研究极度不确定环境下经济行为的专家，并撰写过《在未知及不可知情况下投资》等论文。

对于投资者来说，桥牌的魅力在于它包括机会、概率思维、不对称信息等元素。在发完牌之后，你只能看到自己手中的牌。但是在玩牌的时候，游戏的概率性和不对称性就会非常明显。例如，在叫牌的时候，我或许会这样问自己："如果我右边的玩家叫了两张A，我应该怎样更新对他手中牌的推测？"随着游戏进行，我或许会想："啊哈，我的搭档刚出了黑桃Q。这肯定意味着，她手里多半还有A或K。"

在投资中，我们永远只能根据有限信息来操作。例如，就在不久前，莫尼什和我研究了一家中国汽车及电池生产商——比亚迪公司。它最初勾起我们的兴趣，是《华尔街日报》上的一个故事，提到芒格喜欢这家公司，并将其推荐给了巴菲特。然后，巴菲特派他的高级助理戴维·索科尔前往中国调查。很快，伯克希尔公司就进行了一项投资，索科尔加入了比亚迪的董事会。

作为投资者，我们开始对这些公开信息进行概率推测。例如，我们知道为芒格管钱的李路是一位美籍华人。我们还找到了芒格对比亚迪公司首席执行官王传福的公开评论，"是托马斯·爱迪生和杰克·韦尔奇的结合——既有爱迪生解决技术问题的能力，又有类似韦尔奇落实应做之事的执行力。我从未见过这样的人。"

孤立来看，这样的只言片语说明不了什么问题。但是它们帮助我们构建了更为广阔的图景，了解事态的发展，更新我们对这家公司的认识，刺激我们去寻找芒格、李路、巴菲特和索科尔可能在比亚迪看到了什么其他投资者忽视的东西。

与此同时，就在巴菲特买入之后，比亚迪的股价一路下滑。我记得当时我与莫尼什探讨，表达了我对这只股票的怀疑，认为这家中国公司超出了我的能力范围。最后，我花了一年多时间，才最终让自己放心，相信自己理解了这个行业，并进行投资。而莫尼什是个更加灵活的桥牌玩家、更敢于冒险的投资家，也比我早买入，因为他能根据部分信息描绘出让自己满意的蓝图。他对我推荐说，你还有什么机会，能以更低的价格跟随巴菲特的投资？况且芒格、索科尔和李路也都认为这只股票会成功。

随着我桥牌技术的提高，我也一直在寻找不完整信息背后的真理。桥牌帮助我认识到，我们对任何事物都不可能有完全充分的了解。我们永远无法搞清楚一家公司内部的详细情况，所以我们必须进行概率推测。

在金融危机之后，事实证明这种思维方式非常有用，当时几乎每一个人都在憎恨美国的货币中心银行，比如花旗银行、美国银行、摩根大通银行等。我认真研究了它们，问了自己一个类似打桥牌的问题："我到底怎样才能理解摩根大通银行2万亿美元资产负债表的细微差异？"回答是：我不能。更重要的是，摩根大通银行的管理层自己也解释不来——至少无法给出确切的说法。但是我可以对这家银行的资产负债表和盈利能力做出有用的概率推测。我问自己："对于以后，是会比其他投资者预想的更好还是更糟糕？"

与此同时，我在新闻上读到，巴菲特刚刚对美国银行的优先股进行了50亿美元投资。基于概率思维，这让我推测美联储已经做出承诺，保证这些货币中心银行能够重建它们的资产负债表。巴菲特的投资帮助我认识到，在这些银行再次恢复健康、大幅盈利之前，美联储绝不可能提高利率水平。对于我来说，他对这些机会的权衡是有启发意义的。正如莫尼什曾经指出的一样，巴菲特投资银行股票最早可以追溯到1969年，而且从来没有在这上边亏损过。鉴于没有比他更好的银行投资者，巴菲特的选择意味深长。

从好的方面来说，美国银行的竞争对手至少有一半倒在了路边，这让其拥有了更加强大稳固的地位。由于银行需要大量的科技投入，小银行步履维艰。而美国银行面临的法律风险似乎也比大多数人想象的要低，毕竟，埃克森公司瓦尔迪兹油轮泄漏事件的诉讼都持续了25年以上。所以，我们认为银行部门能将任何诉讼拖延多年，从而赢得大量时间来弥补任何指控带来的潜在开销。

我最终向一系列货币中心银行进行投资，正如巴菲特、莫尼什和我期望的一样，它们的股价随后反弹。我对桥牌的了解，帮助我在这种不确定情况下能够更加灵活地操作。或许，关键在于很多投资虽然非常不确定，但是它们的风险并没有表面看起来那么大。人们常常以为像我这样的投资者都是大冒险家，甚至比赌徒还要冒险。确实，有很多鲁莽的投资者没有充分考虑亏损的风险，但是在投资这场游戏中，他们往往撑不了太久。长期生存下来的投资家，对风险控制有更深刻的把握，包括有能力看出实际风险比股价所反映的风险更小的情况。虽然摩根大通银行和其他货币中心银行有很多不确定性，但是它们的风险的确不大。

桥牌并不是唯一占据我想象、重塑我思维习惯的游戏。我还发现了象棋的乐趣，这是一种很棒的分析及模式识别游戏。我最初爱上象棋是在哈佛读书的时候，感谢我的同学马克·平卡斯，他后来创建了Zynga，这家社交游戏公司使他成为亿万富翁。在我们的学生时代，马克在我宿舍发现了一副没有用过的象棋，邀请我一起玩。他几乎是完胜我。我买了一堆象棋书籍，然后继续玩。我的水平逐渐提高，后来也开始赢几盘了。

毕业后，我成了曼哈顿象棋俱乐部的会员，在公园里以棋会友，逃避在D. H. 布莱尔投行工作所带来的抑郁。但是我轻率易变的思维不够冷静，所以始终停留在业余水平。

那时候，我觉得除了娱乐之外，象棋并没有什么用处。但是多年以后，我逐渐认识到，其中的战术技巧有助于理解类似的游戏玩法。例如，在象棋中，有一类陷阱玩法，往往只需要几步棋，就能快速迫使不知情的玩家认输。最开始，当我陷入这些陷阱时，我对我的对手感到愤怒。这似乎是一种狡诈的取胜方法。后来，我开始恨自己，输掉了这些"很容易赢的游戏"。随着我对象棋的不断学习，逐渐就不再犯这种基础性错误了。

象棋可以与投资进行有用的类比。例如，财务报表就充满了陷阱。企业经常操纵会计规则，以欺骗性的方式发布数据——不明就里的投资者很容易上当受骗，低估形势的危险。

在20世纪90年代，我曾分析过一家出售法律保险的公司。和人寿保险一样，这个产品是由经纪人销售的，经纪人可以获得不菲的佣金作为回报。分析一家公司真正盈利水平的关键，在于知道获得这些客户的成本的摊销率，而这是由客户在签约之后持续时间长短所决定的。在我看来，该公司的财务报表呈现出了一种过度乐观的观点，从而给出了一幅误导的未来景象。这种报表就像象棋中的陷阱玩法一样，这令我感到震惊。所以我远离了这只股票，随后该公司暴跌，并引发诉讼案件，几乎每一个参与者都陷入了绝望，除了卖空者以外，他们根据这份可疑的财务报表赌这只股票会跌。

我还从象棋中学习到另外一点。在早期，我经常发现自己的对手是那种所谓的笨蛋，他们总是由心情来快速决策，而不是依靠审慎的分析。他们既不能，也不会以审慎的方式分析棋局。在最开始我经常输给他们，因为他们的棋路无法预测，这让我焦躁不安，丧失冷静。但是随着我越来越擅长这种游戏，我开始更加坚持原则，培养出了坚毅的品质，哪怕在对手疯疯癫癫的时候，我也能保持冷静和细心。

在金融市场上，大量的投资者——包括业余爱好者和专业人士，鲁莽地大摇大摆冲过栅栏，赌被高估上市的热门科技股票还能进一步上涨。有时候这样碰运气能得到惊人的回报，这诱惑其他投资者蜂拥而上，延续这种愚蠢的情况。但是，就像在象棋中一样，**我发现保持我自己的原则，以更审慎的策略追求更好的长期成功机会，最终结果会更好**。我在这场游戏里的对手不是白痴的象棋选手，而是疯狂的市场先生。我知道，我必须保持冷静，利用这种疯狂作为我的优势，买入那些笨蛋们卖出的股票。

我对一位象棋冠军反复阐释的观点记忆深刻，爱德华·拉斯科曾说："当你看到一步好棋的时候，找找还有没有更好的走法。"把这种智慧运用到股市中，我修改了他的名言，经常对自己说："当你看到一笔好投资的时候，找找还有没有更好的投资。"当然，就像芒格曾指出的一样，人们都有偏好某个想法的普遍倾向——不论是下象棋还是投资，因为这是第一个浮现在我们脑海里的主意。但是它真的是最好的吗？下象棋强调，哪怕在大脑已经找准了第一个想法之后，我们也需要继续搜索更好的走法，下象棋能够锻炼这种思维能力。

与此同时，我从对桥牌和象棋的业余爱好中汲取了另一堂基础课。不错，这些游戏教给了我有用的战术技巧和思维习惯，同时强化了我对控制自身情绪关键性的认识。但是这些游戏还教给我一个更加基本的真理：在过分严肃生活了这么多年以后，我需要采纳一种更加快乐的生活态度。所以我不必再将所有事——包括我的工作，看作你死我活的战斗，而是以另一种态度来生活，就好像它们都是游戏一样。

我确信，马克·平卡斯一直以来都是这样做的。他喜欢所有类型的游戏，生来就将人生视作游戏，而这种快乐态度也是他取得成功不可或缺的因素之一。从哈佛毕业之后，我们的同学有很多人冲向投资银行和咨询公司高薪而无趣的职位。大家都有一种普遍而短视的感觉，以为毕业后的第一份工作是一场生死抉择。事实上，对比我们后来选择的职业，这些第一份工作往往都无关紧要。

毕业不到一年，很多同学就找到了自己的理想工作，而马克还没有想明白自己离开哈佛之后要做什么。与别人不同，他只看那些自己感兴趣的公司，他可以在那些地方继续游戏人生。结果，他选择了约翰·马龙在丹佛郊区的三网融合公司，他在那里学到的通信业知识，后来被证明是无价之宝。一个更令他感兴趣的机会出现了，他离职创建了自己的第一个公司。我在当时去旧金山拜访他的时候，他告诉我，"你赚了多少钱并不重要。重要的是去改变世界。"

史蒂芬·乔布斯也采取了类似的冒险、快乐的人生态度。他充满奇思妙想，在斯坦福大学的毕业典礼上说，要"虚心若愚"。类似地，巴菲特也将投资业务看作一场游戏，很少拿自己的日常幸福来妥协。

从金融危机中幸存下来之后，我开始更加关注这种更轻松、更快乐的做法，发现有很多好处。追随巴菲特的脚步，我不再强迫自己做自己不想做的事情。直到今天，我努力工作，但是按照我自己的时间表工作；如果我白天想打个盹，我就会打个盹。2009年，我的基金表现出奇得好，这大部分要归功于我在市场崩盘时买入的股票。一位合作伙伴告诉我，我应该走出去推销自己，大力宣传基金业绩，让更多的人找我投资。我告诉他，"我不想这样做。我想拥有幸福的生活。我不需要拥有规模最大的基金。"

这种态度无疑造就了更加幸福、更加平静的生活。但是我想，它还把我造就成了更好的投资者。可以给你打个比方，当你把一块石头投入平静的池塘时，你才能看到涟漪片片。类似地，在投资中，如果我想得到伟大的想法，就需要平静、专注的思维。这让我想起了莫尼什经常引用的一句话，**那是布莱兹·帕斯卡的名言："人类的所有问题，都源于人们不能安静地坐在一个房间里。"** 在苏黎世的生活给我带来了很多礼物，其中最重要的一个就是平和知足的心态。当我处于这种状态的时候，正确的投资主意就会泉涌而出。经常令人吃惊的是，我常常在骑自行车或者做其他与市场无关的事情时，在享受生活的过程中冒出这些想法。

我的一些专业投资家朋友看到我去印度旅游，或者做其他类似事情时，感到非常不解。他们当中有一个人责备我说，"盖伊，这些事情不会给你带来收益。"我不得不向他解释，我并未打算不惜一切代价成为最伟大的投资家。**我的目标不再是成为巴菲特第二，哪怕我能做到。我的真正使命，是做更真实的自己。**

在我的基金的最近一次年会上，有听众问我，我如何处理卖出股票的流程。我回答说，"处理得不好。"从某种程度上来说，我是在开玩笑。但是我也是在开诚布公地说明真相，因为我不相信任何人能非常好地处理卖出流程。我们都可声称拥有清晰的规则，例如，宣称当股价达到其真实价值的80%时就要卖出。但事实上，这是一门非常不精确的科学。我的证券组合里，有一些股票是我完全根据理性选择的，我也可能卖掉它们。不过，我一般会选择持有。其中一个原因是，我还在努力控制我自己，而不只是控制我的证券组合。而且我相信，只要我能掌握并激发自己天性中快乐的一面，几十年后，我的投资收益会更好。

除此之外，我公开承认自己不擅长推销，我不再想对任何人炫耀自己的聪明，或者劝说人们来投资我的基金。与推销我的基金相比，更专注于给自己一份诚实的答卷。如果人们想要与我和我的家人一起投资，我不胜欣喜。如果不想，我也不会再像以前一样感到有被拒绝的刺痛感。毕竟，这不是什么生死攸关的事情。这不是你死我活的战斗。

　　尽管我诚实地这样去做，但我心中依然有一个根深蒂固的想法不会消散，就是有钱才能生存下去。这是我的神经中的一部分。理智地来说，我看到了将证券市场看作游戏的巨大好处——采用这种更加快乐的做法，无疑已经让我成为更好的投资者。但是我也知道，我的股东们的毕生积蓄处于风险之中。所以投资或许是种游戏，但是对于我来说，它是一场极其严肃的游戏。

10

真理4
培养并维系有价值的人际关系

像巴菲特、帕伯莱那样投资

THE EDUCATION
OF A VALUE INVESTOR

在我苏黎世的书架上，有一本罗伯特·格林写的《权力48条法则》。这本书光在美国就卖了120万本，并被《快公司》杂志评为"经典中的经典"。你品味一下"第14条法则"，就能感受到其中的黑色幽默味道，它建议我们应该"摆出朋友的姿态，像间谍一样工作"。对这条法则的一个简要总结这样解释："了解你的对手很关键。使用间谍手段搜集有价值的信息，能够让你始终领先一步。更好的做法是：你自己亲自扮演间谍角色。在彬彬有礼的社交邂逅中，要学会刺探消息。间接地提问，让人们暴露他们的弱点和意图。对于狡猾的间谍来说，每一种场合都是一个机会。"

从某种角度来说，这种诡计多端的马基雅弗利行为，对生活和生意都是很有诱惑力的。在我年轻的时候，认为我在某些方面就是这样的，想象自己就是戈登·盖柯，可以用自己的聪明和狡猾开辟自己的巅峰之路。而我在D. H. 布莱尔投行的经历教给我，在华尔街有大把的机会，那些愤世嫉俗的操作员只要把他们自己的利益放在首位，就能够发财。但是我后来发现，哪怕是在狗咬狗的金融世界，也还有一条更加光明的成功之路，我想把它称为"巴菲特—帕伯莱方法"。

通过观察巴菲特和莫尼什——既有远距离观察，也有贴近观察，我渐渐学会了怎样成为一个更好的投资者，更好的商人，以及（我希望）更好的人。这个过程，始于我在D. H. 布莱尔投行第一次读到洛温斯坦写的《巴菲特传》的时候。那本书改变了我，因为它用巴菲特的想法充实了我的头脑，当时我迫切需要得到指导，以便能够逃出让我迷失的道德迷宫，在那个关键时刻，它把正确的人、正确的思想介绍给了我。当然，最好的学习方法还是和正确的人在一起。就像巴菲特在慈善午餐上对我和莫尼什所说的一样："和更优秀的人在一起，你就会不知不觉地进步。"

这些话对我产生了重大影响。因为巴菲特帮助我明白，找到更好的人并和他们在一起，比什么都更重要。换句话说，人际关系是制胜法宝。我相信，这是在投资及生活中其他领域取得成功的最重要方法。那么，**我们应该怎样建立并培育正确的人际关系，从而向值得学习的人学习，变成更好的自己呢？**

我开始还不敢确定，自己是否充分了解志同道合朋友的重要性，直到后来遇到了一本很有趣的书，后来又看到了尼古拉斯·克里斯塔基斯在TED 大会上的演讲。他在哈佛大学和同事们研究人类社会中的肥胖现象，通过研究取得了重要发现：如果你有肥胖的朋友，你就更有可能胖。类似地，如果你有身材匀称健康的朋友，你也更有可能匀称健康。换句话说，我们的社会关系不仅会以一些明显的方式发挥作用，还会以我们很少知道的微妙方式发挥作用。

我毫不怀疑，在商业中也是如此。如果是这样的话，我就应该积极做出努力，把最好的候选人加入我的社交网络。一开始，我是抱着精打细算的自私心态来做这些事情的，希望我的尝试能够给自己积累"社会资本"，引导我取得更大的财务和职业成功。但是我开始构建的这些人际关系让我的生活变得如此丰富，使我最初很世俗的动机慢慢减弱了。我与这些伟大人物不断深化的关系，给我带来了很多真诚的快乐，这些朋友带给我最好的礼物就是他们的友谊，而不是某种谋取利益的途径。

巧合的是，我现在正在康涅狄格州格林威治市的哈伯酒店写作——这恰是十年前我和莫尼什第一次共进晚餐的地方，那是2004年2月11日。那次见面给我带来的友谊，是我平生最伟大的快乐之一——这种友谊体现了我想在本章传达的每一个意思。

就在昨天，我收到了一封来自莫尼什的电子邮件，主题是："放下你手头的书。又一个好机会来了！！！"他的邮件正文只有寥寥数语，一家亚洲公司的名字，和一个"翻四倍！"的短语。换言之，他发现了一只股票，认为它能够翻四倍，想让我也知道。与此同时，他信任我，认为我能够进行更深入的研究，给他一个有用的二次判断，就像巴菲特几十年来所做的一样，他经常咨询查理·芒格——不过很明显，查理给巴菲特的建议质量可能比我的水平高。

想想吧。这是莫尼什，我们这个时代最伟大的投资家之一，快乐地与我分享他最新的投资想法。在某种层次上，如果我也得出同样的研究结论，并买入这只股票，他这种善意的行为，就可能给我和我的股东带来巨大的经济馈赠。但是从更深层次上来讲，这封简单的邮件是来自真正友谊的馈赠——一种分享、信任、慷慨、感人的行为。这种行为的基础，是对不可逾越的友谊力量的理解——认识到这一点，当我们都带着善意团结到一起时，会产生比我们各自为政更强大的力量。就像莫尼什常说的一样，"如果你不在乎谁得分，就可以随心所欲做任何事情。"有这样的朋友，我还需要追求什么呢？

我希望能把这一点说得更玐确一些，因为这几乎就是本书最重要的一点——哪怕它对你来说显而易见。**把正确的人们带入你的生活，没有什么比这更重要了。**他们会教给你每一件需要知道的事情。

从无数个角度来看，和莫尼什的关系都是给我巨大启发的教育。例如，在过去十年里，我反复观察他是怎样寻找机会帮助他人，而不是从相反的角度思考问题。他从来也没有向我解释这种行为背后的思考，我只是亲眼看到他是如何对待我和其他人，我也尽最大努力去学习。我看到，他先是多么地专注于建立一份真正的友谊，然后就是不断地想办法给予，而不是索取。他不爱出风头。他不施加给他人任何负担。他好像只是在问自己："我能为他们做些什么？"有时候，他会鼓励你，或者给你提供建议；有时候，他会介绍你与其他人相识；有时候，他会送给你一本书作为礼物，或者委婉表达自己对你的看法。

我看到，莫尼什通过这些做法建立了惊人的人际圈，人们都为他祝福，都愿意想办法帮助他，以感谢他的善良。**这种众人拾柴的无比强大效果，只有给予者才能得到，而不是索取者。**就像他曾教我的一样，奇妙就在于，你在生活中越是给予，到最后你得到的往往就越多。这是一个铁的事实：专心帮助他人，你最终也是在帮助自己。对于某些人来说，这似乎不大容易理解。他们的做法，似乎把生活当作一场零和游戏，以为给予就意味着失去。

当然，巴菲特对此也有完美的理解，在这方面，他的前妻苏珊对他有很大影响，也为他提供了榜样，苏珊是那种最善良、最乐于付出的人。在医院探望过苏珊之后，巴菲特在佐治亚理工学院讲课说：**"等你们到了我这个年纪，你们衡量成功人生的标准，就会变为你想拥有多少人的爱，真正的爱。我知道某些人，他们有很多钱，他们享用奢华的宴会，他们**

用自己的名字命名医院。但是事实上，这个世界上没有人爱他们。如果你到了我这个年纪，没有一个人觉得你是个好人，那我不在乎你的银行账户有多少钱，你的人生只是一场灾难。这是对你如何度过人生的最终检验。"

他继续说，"爱的难题在于，你买不到它。你可以买到性，你可以买到奢华的宴会，你甚至可以买到吹捧你如何伟大的小册子。**但是获得爱的唯一方式，就是成为一个让人喜欢的人。**如果你有很多钱，你可能想写一张支票：我要买价值一百万美元的爱。但是这样做没用。你付出的爱越多，你得到的爱才越多。"在巴菲特教给我们的所有课程中，这或许是最重要的一课。

如果只把巴菲特当作伟大的选股者，显然就错过了这一点。在我们的慈善午餐上，他的善良和慷慨精神表露无遗。他显然决心要传给我们更多的价值，超出我们自己的预期。他在那里付出，对葛莱德基金会付出，也对我们付出，而不是索取。他不仅是彬彬有礼，诚恳热情，他在那里竭尽所能，努力打造一场我们永远不会忘记的会谈。这是全世界最富有的人之一，他从我们这里得不到任何东西，却依然如此用心对待我们。

在随后的几年里我也看到了这一点，他曾邀请我和莫尼什到他的办公室，还曾给我一封短笺，上面写着"喜欢读你的年报，盖伊"，这句话是他在几秒钟时间里草草写就的，只是来自他的一个小小善举——对我却意味着全世界。如果说他这样做能够得到什么回报的话，我觉得就是他生活中内心的轻松、快乐和幸福。我不认为他是刻意安排好这么做的。但是巴菲特和莫尼什一样，天生就理解这是宇宙间的真理：我们付出的越多，得到的就越多。巴菲特的人生就是这种慈善循环的一个伟大例子。

但是这里要说的最重要一点，或许是我们应该如何学习——**通过观察**

比我们更好的人怎么做，模仿他们的行为，然后亲身实践为什么他们的做法明智有效。这里的重点，不是要把巴菲特和莫尼什奉为神圣，他们也和我们一样有缺点与不足。而是分享这种看法，作为投资者、商人和人类，我们所接受的最重要教育，就是寻找这些出色的榜样，引导我们在自己的道路上前进。书籍是无价的智慧源泉。但是人才是终极的老师，而且有些课程，我们只能通过观察或者设身处地才能学会。在很多情况，这些课程从来都没有用语言交流。但你和他们在一起的时候，就可以感受到他们的引导精神。

我最喜欢的一个例子，来自李路为中国版《穷查理宝典》写的序言。他在其中讲述了一则有关查理·芒格的奇闻逸事，只要两人会面，不论他去得有多早，芒格总是在他之前到达。每一次，李路都到得比上一次更早。但是每一次，芒格都已经在那里等他了。最后，李路索性提前了一个小时到，然后两个人各自看报，直到约定好的见面时间。显然，查理曾因为无心之过，在一次重要会面中迟到，所以他对自己发誓，绝不让这样的事情重演。

对于巴菲特来说，他是一只社交动物，并建立了围绕自己的生态圈，圈中的优秀人物反映并强化了他自己的价值观。他的核心圈子成员包括查理·芒格、比尔·盖茨、阿吉特·贾因、黛比·博桑耐克，还有卡罗尔·鲁米斯。不过还有其他很多人。这些人在找他，他也在找这些人。一次又一次，事实都证明他是一个敏锐的个性判官，将自己与优秀人物团结在一起，犯错惊人得少。有时候，我怀疑他购买某个公司不仅仅因为这是一家好公司，还因为他想把经营公司的伟大人物纳入自己的生态圈——像托马斯·墨菲（他执掌着大都市公司和美国广播公司）和罗斯·布朗金。例如，他喜欢讲布朗金惊人的工作标准的故事，很明显将其视为榜样。

根据我自己的经验，有无数种方法可以改善我们的交际圈。其中有些非常明显，似乎完全不必再提。但是这些简单、实际的步骤，给我的人生带来了很大改变，所以我要冒着老调重弹的危险，简要说几个。例如，我加入了很多组织，在那里我可以经常接触到在很多方面比我优秀的人。其中包括两个教授领导力质量的杰出商业团体：企业家协会和青年总裁协会。我还加入了国际演讲协会，该组织通过公开演讲传授领导力。类似地，我每月一次到曼哈顿的科尔贝餐馆参加什埃·达达什提组织的活动，在那里可以遇见很多优秀的价值投资者。在这些每月一次的活动中，我培养了一些最有价值的商业人脉。

看到参加这类组织有这么多好处，我后来也和约翰·米哈耶维奇合伙成立了"价值投资"年会，"意趣相投的人可以在这里培养自己的顶尖智慧，向更好的价值投资者学习，并在这个过程中成为更好的人。"我们的目标是建立一个社区，我们可以在其中给彼此带来积极影响。说到底，在别人的帮助下跟随总比独自前行容易。出于类似的原因，我的家人在苏黎世加入了当地的犹太人团体。就像克里斯塔基斯所说的一样，我们的同伴会对我们产生深远影响。所以我认为，加入一个宗教团体，可以增加我们提升家庭精神和道德水平的机会——就好像参加伯克希尔公司在奥马哈的年会、西科电气在帕萨迪纳的年会能提升投资者水平一样。

最初，我以为参加这样的团体和活动，能让我遇到更优秀的人，与他们的接触能帮助我提升自己。诚然，这些都是这种人际网络所带来的好处。但是现在我认为，融入这些积极环境的最大好处，在于一个更加微妙的地方：观察那些在生意和生活上比自己更优秀的人的机会。为什么参加伯克希尔公司的年会可以学到很多东西，这是其中的一个原因。例如，有一年，我在奥马哈和一个朋友一起小酌，突然发现唐·基奥站在旁边。他是一位著名的商业领袖，曾在伯克希尔、可口可乐、麦当劳、《华盛顿邮报》等公司的董事会工作。基奥认识我的朋友，与他聊了几句，然后把自己介绍给我。我感觉像触电一般，好像他的能量全部集中在我身上了。在那一刹那，我感觉自己好像是他唯一在意的人。

当然，你也可以说他这只是出于礼貌和礼仪行为，没错，我们希望每个人都应该这样做。但是即使是这样的短暂邂逅，也帮助我看到某些帮助他在商界闪耀的优秀品质。例如，我能看到基奥对我的影响，无论何时和他人见面，全身心投入与其交流都很重要——特别当这个人在他的职业生涯早期，或者在他局促不安的时候。他的例子让我渴望做得更好，希望有朝一日，我与陌生人的见面也能同样诚恳，让对方难以忘怀。

类似地，巴菲特频繁给工商管理硕士学生发表热情演讲，这也令我深受触动。他们的这个人生阶段，正是敞开接受新思想的时候。如果他们还没有找到工作，可能还会有一点脆弱。所以巴菲特的慷慨精神可能对他们意义更大。这给我上了一堂伟大的课：如果连巴菲特都能抽出时间和学生（更不要说我这样的投资者）进行交流，那么我在商学院遇到的每一个学生时，也需要用真挚的善意对待他们，并积极鼓励每一个向我投简历的毕业生。

在我们的午餐上，莫尼什问巴菲特，他怎样选择正确的人来合作。他回答说，他可以从一间容有100人的屋子里，轻而易举地挑出10个他愿意合作的人，以及10个他想要回避的人，其他80人将被纳入他的"不确定"行列。当时，我并不觉得这种眼光有何值得称羡之处。但是后来我就意识到，我在去D. H. 布莱尔投行之前就应该使用这种思维。当时有足够的警告信号提示那里的危险，包括我在《纽约时报》上读到的那篇评论文章。就凭这一点，我就应该把该公司及其魅力超群的领导莫顿·戴维斯归为"不确定"类别。从性格上来讲，我喜欢对所有人公平，拿不准时宁可相信他们是好人。但是在这件事情上，慎重应该更好。无论如何，巴菲特已经教给我关键一课，要把时间和精力集中到少数拿得准的人身上，把其他人都放在一边。

在此基础上，我决定，我需要更加高效地筛选我的人际网，把不确定的人排除掉。在招聘过程中，我首次运用了这种思想。我原来以为正确的招聘方法就是发布一条广告，然后筛选符合条件的简历，尽量相信每一个候选人的简历。毕竟，咨询公司和投资银行在招聘我这样的人时，都是这样做的。但是这种做法有一个显著的问题，大部分求职者都存在一些问题不能聘用，而最佳求职者往往很快就会被抢走。没被抢走的人也越来越会掩饰自己的缺点，使你越来越难辨别。

所以我不再打广告。相反，我开始在人们不防备的时候观察他们的行为，并从中挑选聘用。例如，我在一份股票研究报告的事情上接触了丹·摩尔，然后将他聘为分析师。他当时不肯与我分享这份报告，因为我不是他的买方客户。他在这种情况下的行为，让我看到了他的高水平职业道德，以及对雇主的忠诚。对他这种品质的认识，是我愿意为他提供工作的关键原因。类似地，我在科尔贝餐馆的晚宴上认识了奥利·辛迪，看到她优雅娴熟地处理了一次尴尬的社交邂逅，于是聘用她担任我的运营主管。这件事为我提供了一个完美案例，证明她出色的社交能力。我最成功的招聘不是因为我打招聘广告，而是因为我在类似这样的偶然时刻观察人，这时候的他们都是真实表露。

与此同时，只要一个人以任何神秘或难以理解的方式打动我，我都会有意避免和他打交道。在我印象深刻的童年记忆里，有几个闪耀夺目、善于社交的"朋友"，他们遮蔽了真实的自己。在离开牛津大学以后，我天真地被一个自称是鞑靼王子的人所倾倒。那个夏天，我们在伦敦和法国的里埃维拉周游，还遇到了其他一些所谓的王子和公主。我当时感觉很兴奋，很高兴自己能进入这些高级社交圈。从某种程度上来说，这只是微不足道的乐趣，但是被这个浮华的世界所俘获，依然是有几分危险的。

莫尼什给我指明了一条更好的道路。在他看来，生命太短，不值得浪费时间去结交那些不能真诚、坦率做自己的人。最好的方法，就是把神秘和困惑撇到一边去。目标应是与他们保持距离，而不是浪费时间去搞明白他们。巴菲特和莫尼什都是脚踏实地、毫不做作的人，他们只对坦诚的人感兴趣。他们让自己远离其他80%的人，把他们归入"不确定"那一类。

在和从未了解过的人约会之前，我一般会给他们提供一份有关自己信息的书面材料——例如，我的个人简历和我的基金年报。我想让他们尽可能容易地了解我，对我形成一个准确的印象。我一般也会请他们给我一些有关他们自己的背景材料。如果一个人总是神神秘秘、难以捉摸，我就会运用巴菲特的"不确定"法则，拒绝与他建立更近的关系。

出于同样原因，我希望他们能够看到，我的确就是这个样子——既不欺骗他，也不欺骗别人。我希望做一个表里一致的人。在生意中，和在生活的其他领域中一样，我认为我们都是在吸引与自己类似的人，他们反映了我们自我意识的程度。如果我追求诚实和正派，就更可能把诚实正派的人带入自己的生活。这有助于解释，为什么巴菲特把那些著名人物拉入了他的轨道：这些人都反映了他自己的某些特点。

通过观察莫尼什，我还学到了另外一门关键课程，教我在生意和生活中应该如何行动。我看到，他在与人交往时，从不提要求，或者索取什么帮助。让对方没有任何自己有权或想要侵占他们时间的感觉。在我们认识初期，我会给身在加州的他打电话，抱歉地说，"我希望你现在不忙，希望没有打扰到你。"他则回应说，"忙？正相反，我现在闲得很无聊。"事实上并非如此，但他通过这种方式，让我感觉没有什么比我的电话更重要。当然，我曾无数次收到他的电子邮件说，"无聊的时候给我打电话。"2010年，当我们为了慈善午餐，去奥马哈会见黛比·博桑耐克时，他给她写信说，"我们的时间非常灵活……你们觉得怎么方便，提出来就好。"

这并不是阿谀奉承或丧失自我。相反，莫尼什有健康的自尊心。但是我一再看到，他是多么细心，不把自己的想法强加给别人，不欺凌他人的利益。他只想在别人需要他、想见他的时候才会露面。他花了很多心思，不让自己成为任何人的负担，或者让他人感到自己对他负有某种义务。

目睹他这样的行为，对我产生了很大影响，因为我能非常清楚地看到，这是一种伟大的行为方式。我记得曾与他讨论一种情况，一位投资者想要卖掉它所持有的我的基金股份。我父亲最初建议我去劝阻对方。但是莫尼什对我说，"不要试图去说服他们。那是他们的钱。如果他们想拿出来，就让他们拿好了，什么都不要问。"我与那位投资者的关系可能结束了，但是莫尼什帮助我认清，这里既没有愧疚也没有相互指责——而且，最重要的是，没有相互亏欠的感觉。

这种简单健康的思想，辐射到了我生活的很多其他领域。举个例子，我从不打算请求我的朋友（或者其他人）投资我的基金。我很高兴和他们在一起，只因为我们是朋友。他们从来不需要有任何义务。

不过，回顾以往，我可以看到自己在最开始当基金经理的时候，是多么迫切地渴求他人的投资。当时，我总是在劝自己，要把自己和自己的基金推销给有眼光的投资者，好像这种厚颜无耻强人所难的行为，是一个聪明商人、成功基金经理不可或缺的一部分。事实上，这只是我缺乏安全感的一个尴尬事例。我还认识到，以前我冷不防地给别人打电话招徕业务，或者抱着虚幻的希望发送大量电子邮件，妄图博得对我的基金毫无兴趣的投资者的注意，那是多么的恶心。这样做，只会让那些有眼光的人更加远离我。

反过来，我喜欢尹恩·雅各布的故事，他毕业于哥伦比亚商学院，成功申请到了一份伯克希尔公司总部的工作，和巴菲特一起上班。他在自我介绍信里放了一张支票，对巴菲特百忙之中抽时间组织面试表示补偿。有些人将此视为可笑的小花招。但是这张支票——我肯定它从未被取现——立即传达了一条信息，表示雅各布尊重巴菲特的时间的价值。这是一个有力的信号，说明他不想成为别人的负担。

这是一种聪明的做法，不仅因为一旦他人感觉到我们试图从他们身上索取什么东西，或者怀有其他潜在意图时，就会采取一种防御心理。我开始认识到，当我与重要人物交往时，总是想抓住他们的注意力，或者把自己强加给他们，但是这样做只会让他们讨厌，因为他们曾反复被当成这样的目标。不久以前，我和一家大银行的首席执行官共进了一场难忘的午餐。在我们会面前，我真诚地告诉他，我很荣幸能在这里和他共进午餐。看到我并没有其他目的，只是想享受和他在一起的时光，他显然也放松了下来。根据我的经验，关键是要以别人自己的追求来尊重他们，而不是为了实现我们自己的目标。

莫尼什经常引用《圣经》里的一句名言，"我只是尘土。"在他说这句话的时候有几分讽刺——好像是承认他自己还没有达到谦逊、克制的水平。我们两个都不敢自称是虔诚的圣徒。不过，我多次看到他乐于助人，而不把自己的任何需求凌驾于对方之上。他的例子帮助我懂得，在不丧失自主、自尊或雄心的同时服务他人，是完全可以做到的。在我担任基金经理的头几年里，我嘲笑这种甘为奴仆的行为。我更喜欢把自己看作一个聪明的操控者。但是在我们的慈善午餐上，巴菲特尽管是全世界最著名的投资家，也谦逊地像个仆人。

感谢莫尼什和巴菲特的帮助，让我开始认识到，我应该更多关注他人需要从我这里得到什么，而不是总想着让他们来满足我的需求。这听起来或许是很明显的道理，但是对于我来说是巨大的心理转变，它确实也改变了我的生活方式。

在纽约旋涡的那些日子里，我会参加一些交际活动，结识一些陌生人，想着他们能够给我带来什么帮助。但他们和我交谈，往往只是为了卖给我一些产品或服务，于是我开始看到，这种功利行为是多么不招人喜欢。所以，随着时间变迁，我对人际交往产生了新的态度。我的简单原则是，不论我在何时遇到一些人，我都会尝试为他们做一些事情。这或许只是把他介绍给其他朋友，甚至只是一句真诚的赞美。令我感兴趣的是他们的反应。有时候，我能感受到他们在对自己说："这很好。我想知道这个人还会为我做些什么，或者我可以请他为我做些什么。"还有的时候，我能看到他们也想帮助我。这些看似琐碎的交流，提供了一个晴雨表，可以观察人们对待这个世界的态度，看他们是给予者，还是索取者。

最开始，我吸引了很多索取者。一时间，我发现自己竟然因此而烦躁，极力想知道为什么他们就不明白，这是一种很龌龊的生活方式。但是通过近距离观察他人，我渐渐能够更好地判别谁是给予者，谁是索取者，也开始吸引更优秀的人走进我的生活。我希望这听起来不是太工于算计。因为我努力做的，不过是想为自己构建一个生态系统，里面的每一个人，都是那种想方设法帮助别人的人。

当你被这样的人包围时，他们每个人都在努力帮助他人，有时候就会感觉身处人间天堂。例如，莫艺什和约翰·米哈耶维奇就是这方面的典范——他们总在找机会帮助他人，支持他人，与他人分享美好事物。他们都是值得珍惜的人，我们都希望把他们留在自己的核心圈子里。如果他们生活在国外，也值得我们飞越世界去看望。当然，我也需要像他们一样去对待他人。

疯狂的事情在于，当你开始这样生活以后，每一件事都会变得更有乐趣。这有一种随心所欲、天人合一的舒畅，我以前满心只想着索取的时候，从来没有体验过这样的感觉。再次声明，我并不想让读者以为我是某种圣徒。但是这种想方设法服务他人的做法，给我带来了难以比拟的积极因素，所以我现在不断寻找越来越多的机会去帮助他人。在这些日子里，我帮助对象的焦点不只是其他个人，还包括一些组织机构，比如我的母校牛津大学、哈佛商学院，以及魏茨曼研究所。我最近发现，企业家协会在以色列没有分会，于是我就创建了一个分会。我还发现，苏黎世没有召开过TED大会，所以我就在那里联合举办了一次。

我告诉你这些，并不是为了给自己脸上贴金，因为世上有无数人做的好事比我多得多。我要说的是，自从我选择了这种生活方式以后，我的生活得到了巨大提升。事实上，我越来越着迷于这些活动所激发出的积极情绪。我还喜欢与这么多伟大人物、机构加深关系的感觉。有一件事是确凿无疑的：给予让我收获了更多，比以前一味索取得到的更多。所以，好玩的事情又出现了，我无私的努力，或许才是真正完美的利己主义。

巴菲特和莫尼什是地球上最聪明的两个人之一，他们很清楚这一点。作为一个投资家、一个商人，巴菲特所取得的成就是难以置信的。但他的大部分遗产，会捐给盖茨—梅琳达基金会，用于慈善活动，这会令上百万人受益。莫尼什也没有把他惊人的天赋一心用在追求财富上，他的达克沙那基金改变了无数印度年轻人的生活，给了他们本来无法想象的机会。他曾不止一次告诉我，他更愿意作为达克沙那基金的创建者被世人铭记，而不是作为一个投资家。

　　接下来的目标不是要成为沃伦·巴菲特或者莫尼什·帕伯莱，而是要向他们学习。不论从大处还是小处，我都将他们视为生活这场游戏的高贵大师。让我们再重复一遍来自巴菲特的箴言："和更优秀的人在一起，你就会不知不觉地进步。"

11

真理5
忠实于自己

价值投资探索之旅的终点

THE EDUCATION
OF A VALUE INVESTOR

如果你的生活目标就是致富，价值投资是个难以战胜的好路子。是的，有时候它也得不到人们的尊重，甚至连最伟大的实践者也会发现，他们像发霉的陈年旧货一样失去了魅力。但是它依然是一条宽阔的、根本性的投资大道，终将恢复它的荣光。不理性的纵横肆虐来来往往，对价值的追求却亘古长存。

仅有一套选股方法是不能让你致富的。对于我来说，就算是"价值投资"这四个字所蕴含的意义，也不仅仅是积累几百万美元买一套格林威治的房子，或是一所格斯塔德的滑雪小屋，或是一辆闪闪发光的法拉利跑车。就像沃伦·巴菲特的生活范例一样，我们在这里讨论的还有对真正价值的追求——从某种意义上来讲超越金钱、职业发展和社会威望。

我并非要抛弃或者鄙视这些东西。尽管我对自己追逐金钱的可耻冲动感到羞愧，但已不是很羞愧……我依然开着一辆敞篷保时捷，虽然我有点不愿意承认这一点。我也非常沉迷于对完美卡布奇诺咖啡的嗜好，花了6000美元购买了一套精致的拉玛佐科咖啡机——佛罗伦萨进口货。我试图通过注视约翰·邓普顿爵士的画像来为自己这种奢侈行为辩护，他曾捐赠一大笔财产给慈善事业，也开着一辆劳斯莱斯。当然，就连巴菲特也买一架私人飞机，他还颇为自嘲地将其命名为"不可原谅号"（后来，他改变主意，又将其重新命名为"必不可少号"）。此外，查理·芒格也花了几百万美元买了一艘名为"海猫"的豪华双体游艇。

如果类似这样的事物让你感兴趣，那么价值投资对于你满足自我就很有意义。享受它。就像我看待它一样，这只是价值投资者的外在旅程——对财富、身心舒适以及成功的追求。但是重要的是，不要过于沉迷于这些毫无意义的追求中，却忘记了最重要的东西——通向更无形却更宝贵目标的内心旅程。这条内心旅程，是要成为我们所能达到的最好的自己，我认为这才是人生的唯一真正旅程。它需要问类似这样的问题：我的财富是为了什么，什么让我的生命有意义，我应该怎样利用自己的天赋帮助他人。

在巴菲特投资早期时候，他曾中止了与投资人的合作关系，并向股东归还了资金。他没有盲目地追求财富。很明显，他工作的最大乐趣并不是钱。与其类似，芒格也曾说，当你有了一定数量的钱（我想是1亿美元）以后，你头脑里就一定会萌生一些想法，不再继续竭尽全力积累财富。邓普顿也将他的大块人生献给了内心旅程。当然，他最大的遗产是他的慈善基金，该基金挖掘了"人类追求和终极现实的大问题"，包括复杂性、进化论、无穷、创造、宽容、爱、感恩、自由意志等。该基金的格言是"我们知道的越少，就越渴望学习"。

根据我的经验，内心旅程不但更令人愉悦，它还是成为更优秀投资者的关键。如果我不了解我的内心领域——包括我的恐惧、不自信、欲望、偏见和对待金钱的态度——我可能就会被现实打败。在我的职业生涯早期就发生了这样的情况，我的贪婪和自大把我引向了D. H. 布莱尔投行。

我急切渴望让自己看起来更成功，这让我难以承认错误，总结出这是一个腐蚀道德的环境之后，快速离开这家公司。后来，在纽约旋涡的那几年里，我嫉妒拥有更大基金、更豪华房子的人，这让我误入歧途，劝说自己应该推销自己，想要成为某个不是真实自己的人物。

在内心旅程的路上，我逐渐认识自己，开始更加清楚地看到这些缺点。只有认识到了它们，我才能克服它们。但是这些特点根深蒂固，我还必须寻找切实可行的方法，才能逾越它们的障碍。例如，通过搬到苏黎世，我从身体上离开了曼哈顿的环境，那里会加剧我的贪婪和嫉妒。既然知道纽约和伦敦这样的城市——极端斯坦的中心——会破坏我的平衡，最安全的办法可能就是远离它们。

但这是一个不断前进的过程。如我所写，我的妻子曾考虑过搬家到伦敦，这样就可以离我们的父母、姐妹和孩子们的表兄妹们更近。从某种程度上，这吓到了我。在伦敦这样一个拥有无数财富的地方，我能处理好它给我带来的情绪波动吗？我的内心是否已经足够强大，可以在那里不受到任何情绪打扰吗？我能否在伦敦为自己创建一个平和环境——例如，在宁静的郊区，远离繁华闹市的骚扰——在那里我的思维能如池水般波澜不兴？那时候，这些答案都不明确。但是这都是我内心旅程的一部分，因为我努力对付那些让我难以成为理性投资者的性格特点。

在投资中，无知绝非好事，因为金融市场会无情地揭露这些情感弱点。例如，在信贷危机中，理解我自己对金钱的复杂态度至关重要，因为这会影响我的判断，还有我应对股票市场崩盘所带来的心理冲击的能力。从智力上来说，掌握投资的技术工具很容易——只要会读财务报表，能鉴别出被低估的公司就行。但是对于一个理性思维被恐惧彻底压倒，即将淹死在恐惧海洋里的人，这些技能又有什么用呢？

自己担负起责任，而不是责备他人也很重要。与其批评变幻无常的股东在市场底部从我的基金撤资，不如思考万一市场继续下跌、我的基金被迫关闭会怎样，这对我更为有用。

对于我来说，市场狂跌对内心的影响与莫尼什完全不同，他的证券组合股价跳水，似乎对他完全没有影响。就像莫尼什所说的一样，他年轻时目睹了他父亲职业生涯的起起伏伏。显然，他父亲有很多次濒临财务崩溃或破产的边缘。即使在这样的混乱时期，他的家庭氛围也依然平静如初。所以对莫尼什来说，经济灾难的景象并不像我担心的那么恐怖。他这种坚韧精神的一个良好结果就是，在其他投资者吓得像婴儿一样蜷缩在办公室的安静角落时，他还能坚持买入跌到谷底的股票。

我自己对待金钱的态度，则深受欧洲犹太人苦难史的影响。我的曾祖父母曾是富有的德国企业家，他们在柏林郊区拥有一家制帽厂。后来纳粹占领了他们的财产，毁灭了他们的优裕生活。我的家人逃到了以色列（后来又去了巴勒斯坦），他们在那里重新建立已经失去的生活。我的祖父，曾是德国的一名律师，变成了一个不成功的以色列养鸡场主。我在成长过程中听到的故事，是食物短缺，是以色列早期的年轻人保卫祖国。我的父亲，是在他父母的养鸡场里长大的，一大半职业生涯是公司职员；他后来开了一家公司，这家公司产生出的额外的收益，由我来为他投资。现在，我已经让我们家族的财富翻了五倍。但是我依然有根深蒂固的恐惧，担心对于超出我控制范围的因素会卷走这一切。

为什么这些故事对我来说很重要？因为它们微妙而有力地塑造了我整个投资及商业的行为。例如，我从不使用借来的钱，我的所有投资都是冷静而保守的。对于我来说，有关我的家庭和钱的故事，是对希特勒所造成破坏的一种恢复。对于家族的财富（大部分投入了我的基金），我有一种强烈的责任感，不仅因为我想再造70多年前被粉碎的财富，在一个不安全的世界提供永久的安全。我喜欢我所做的事情，但是这对我来说是严肃的生意。我们知道，在人类的意识中，钱和生存是紧密相关的，所以这些情绪有破坏我理性大脑的潜力。与我相反，莫尼什敢在不确定、变数多的更高价位买入股票，因为即使发生损失，他也不会产生我脑海里的那种恐惧。

我认为，认真的投资者需要理解他们与金钱之间的复杂关系，因为它可能造成极大的破坏。在此理解的基础上，我们才能做出相应的调整——例如，改变我们的环境，或者在我们的投资检查清单上增加一些条目。但是我怀疑，不论我们多么聪明，可能都无法改变人的思维模式本身。我自己暂时没有做到。我常常以为自己能够克服经济损失所带来的恐惧，所以任由自己冒更大风险去追求更高利润。但是我渐渐接受了现实，恐惧是真实自我的一部分。毫无疑问，巴菲特和莫尼什的内心领域，使他们能够更加清醒地进行有关钱的决策。但是我不可能花费一生时间去梦想成为他们。相反，我需要理解我的个性特点，然后基于这种自我认知，做出我的情绪足以应付的投资。

最后，我之所以能成功度过金融危机，部分是因为我正视了自己对损失的恐惧，并找到办法解决了它们。如果我没有意识到自己内心中的这一方面，在发现金融服务公司的股票下跌80%时，我可能就会惊慌失措。但是相反，我坚定持有，等到了反弹。对自己有了更深刻的理解之后，我也不再试图去追求最高收益。出于我的个人限制，我更加满足于超过市场指数的长期稳健收益。我的基金有很大一部分投资了伯克希尔·哈撒韦公司。鉴于该公司的规模太大，我投资其他地方可能得到更好的收益。但是伯克希尔的存在为我的证券组合提供了稳定因素——不论是经济上还是情感上。有巴菲特在我的生态系统中，对我的心理很重要。这是理性的吗？对于我来说，是的。对于莫尼什来说，或许未必。

鉴于这种内心旅程的重要性，在实际情况中，我们应该怎么做呢？就个人而言，我使用过很多工具来加速这种内心成长，我也发现在我人生的不同阶段，它们都很有帮助。我曾体验过多种心理疗法。此外，我曾连续七年每周做一次荣格疗法，我还涉猎过情绪聚焦疗法、认知行为疗法、神经语言规划，甚至眼动脱敏与再加工疗法。因为我开始认识到，人类的种类是无穷尽的，帮助我们内心旅程的疗法种类也几乎是无穷尽的。

我还和很多拉比及其他精神导师研究过宗教。我定期与职业教练会谈。我曾学习心理学，还与娄·马里诺夫成了好朋友，他是一位"哲学顾问"，著有《柏拉图灵丹：将永远的智慧应用于日常问题》。我曾读过无数自助类书籍。从气质上来说，我并不太适合冥想。但是只要能学到东西，我非常乐意接受任何新鲜事物。

有一个有趣的内心成长工具，是丰富的经验。当然，这应该是所有工具里的第一工具。如果我们对自己的错误和失败负责，它们就能提供无比珍贵的机会，让我们了解自己，明白哪里需要改进。例如，我加入D. H. 布莱尔投行的错误，使我认识到我必须应对自己的贪婪，停止用外部记分卡来衡量自己的成功。事实上，逆境可能是最好的老师。唯一的麻烦在于，我们可能需要很长时间才能从错误中走出来，然后从中学习，这是一个痛苦的过程。

对于我来说，加速内心旅程的最大跳板是加入一个群体，拿破仑·希尔称之为"集智"小组，哈佛商学院说它是一个学习小组，青年总裁协会称之为"论坛"。叫什么名字并不重要。其做法，是由8～10位专业人员形成一个紧密团体，相互间分享他们的事情，并由同伴加以指点。有一件难忘的事情，我花了20分钟时间，讲述我与一位关键商业伙伴之间的痛苦关系，他也是我的大学好友。然后，小组让我澄清了一些问题，详细说明了我俩之间的关系细节，让他们来检验。我的胸中怒火燃烧。我认定我那位朋友做了错事，行为不公，从我这里占了便宜。但是我也觉得愧疚尴尬。因为在小组交流中我也越来越发现，自己的行为也不怎么高尚。

然后，其他八名小组成员逐个分享了他们自己与亲戚朋友之间扭曲的商业关系。我当时意识到自己并不是唯一犯下这样错误的人，第一反应是如释重负。我还认识到，不论是朋友还是我自己，所作所为都还没有我之前想象的那么坏。同样重要的是，没有人对我加以评判，我也没有收到任何直接的建议，因为这样做是违反小组规则的。到讨论结束的时候，我原来不可遏制的愧疚和怒气都消散了。而其他八个人的故事，也给我提供了足够的案例，可以从中学习，解决这个问题。我不再感到无助，我现在有很多选择。最后，我以一种积极的方式解决了冲突，而且直到今天，和我这位前商业伙伴依然是亲密朋友——他也是我基金的股东。

这就是集智小组的力量——不论它是由青年总裁协会组织的，还是由企业家协会组织的，或者是由莫尼什和我创建的格栅俱乐部，里面有几个值得信赖的好朋友。每年两次，这个小组的八个人会放下手中的事，到一起放松三天，敞开心扉交流思想。对于我来说，像这样的会谈是内心成长的最佳加速器。

事实上，你怎样走过这条心灵旅程并不重要。重要的是，你得做这件事。不论你选择了哪条路，目标都是要变得更加自省，卸下你的伪装，聆听内心的声音。对于一位投资者来说，这好处是难以衡量的，因为这种自我认识能够更好地武装我们的内心，让它变得更强大，在逆境不可避免时，能够坦然应对。证券市场有一种神奇的方式能看穿我们，戳穿我们的弱点，比如自大、嫉妒、恐惧、愤怒、自我怀疑、贪婪、不忠，以及对社会支持的需要。为了取得持续的成功，我们需要直面我们的弱点，不论它们是什么。否则，我们成功的大厦根基就不牢固，就终将坍塌。

但是这种内心变化的真正回报，不只在于取得投资成功。它的最大馈赠，是让我们成为最优秀的自己。显然，这才是最高奖赏。

12

投资的8条规则

构建更好的投资流程

THE EDUCATION
OF A VALUE INVESTOR

如果蚂蚁能够使用几条简单的规则，设计出无穷复杂的生存策略，那么投资者呢？我们能否创建一套类似的规则，让我们的投资决策更加聪明，更不容易受我们不理性大脑的干扰呢？

有这样一种说法：人类大脑的功率据说是12瓦——换言之，只相当于一只60瓦灯泡的五分之一。和如今一些电脑的功率消耗相比，这不算多。然而我们希望这相当弱小的硬件，能够胜任投资世界中大量的复杂计算，我们甚至厚颜无耻地希望我们能算对这些东西。

正如我们所讨论的一样，让游戏有利于我们的一种途径，是构建一个良好环境，我们在其中可以更加理性的思考——或者至少减少一些非理性。但是我们手上还有另一个工具：如果我们想要做出更好的投资决策，设计一系列能够持续运用的规则和流程会裨益良多。

在金融危机之后，我努力工作，为自己建立这种更加结构化的投资方法，从而让我的行为更有规则，更有可预测性，同时减少我的决策流程的复杂性。鉴于大脑的有限处理能力，简化每一件事都是有意义的。我设计的规则包含很多关键的投资流程，**包括我在寻找股票的时候应该阅**

读哪些材料（以及阅读顺序），我与谁讨论潜在投资的事情（以及拒绝与谁讨论），我怎样处理公司管理，我如何交易股票，以及我要怎样与我的股东交流（以及不要怎样与股东交流）。

其中有些规则是普遍适用的，还有一些与我的个人风格有关，或许不太适合你。更重要的是，在投资过程中我还会继续加油——我会从经验中学习怎样做最好，然后不断修订这个游戏计划。我也相信，如果你开始以这种结构化、系统化的方式考虑你的投资流程，它也会给你带来巨大帮助。飞行员要将一整套规则流程内化于心，指导他们的每一个动作，确保他们以及乘客的安全。不想冒险就获得好收益的严肃的投资者，应该学习他们的榜样。为什么？因为在投资中，和在飞行中一样，人为误差可能是致命的。

和我投资生涯中的很多事情一样，我对此的理解源于和莫尼什的谈话。在2009年我们去印度的旅途中，我提问他各式各样的问题，包括他交易股票的方法。很明显，他曾以极具逻辑的方式思考过这个问题，他所做的每一个动作都有规则主导。例如，他决定，在开市期间绝不下单买卖股票。

我们从那场旅行中回来之后，我对自己说："盖伊，你全做错了。"莫尼什的思维与我有很多不同之处，包括愿意或者能在情感上承担更多的明显风险——或者不确定性。但是我决定效仿他的做法，把这种严格的分析引入我自己的投资流程。我随后在这方面引入了八条规则、惯例和习惯。这无论如何都不是一份详尽完整的清单。但是我希望，它能让你品味一下我迄今都学到了些什么。

1. 不要总是查看股价

我定居苏黎世的时候，做出了一个经过深思熟虑的决定，继续租用一台彭博终端机，但是不再像早年当基金经理时一样，每天早上一上班就打开它。我现在经常连续几星期不用它。但是这只是我努力让自己远离市场日常噪音的一方面。

很多投资者不仅会每天检查他们的股票价格，有时候甚至是隔几分钟就看一看。我们的大脑中有一个奇特的小问题，让我们莫名其妙地感觉这只股票知道我们在盯着它。我们甚至有可能产生一种恐惧心理，只要我们不一直盯着它，就会发生一些不好的事情。或许在没有盯着它的时候，会有一条不利于我们的大新闻出现，股价会突然暴跌。看着显示器上的股价，会给投资者一种错觉，觉得一切安好，地球还在按正常轨道运行。

问题在于，不断变化的股价，是对行动的召唤。如果我看到彭博终端机屏幕上闪过一个明亮的跳动，它就会告诉我的不理性大脑，我需要做点什么。如果你正在投机于最新热门的生物科技或互联网股票，跟随每一次疯狂的潮流或许有点用：一家券商发布了一份强烈看多的报告，其他投机者蜂拥而入，你的股票瞬间上涨了20%。但是我想要以更加慎重的方式投资，打算在买入一家公司之后持有至少数年之久，甚至一直持有。就像巴菲特曾说的一样，当我们投资一家公司的时候，我们就应该做好准备，哪怕明天股票市场就会关闭，哪怕它五年之内都不会重新开业，我们也愿意持有这家公司。

我不能五年不开机看股价，因为我每个月都需要确认基金的财产净值，并向我的股东们发送一封信，每月报告他们持有我们基金的股份净值。但是假如我只是管理自己的账户，我会建立一套系统，每个季度只看一次我所持有的股票价格，甚至是一年一次。在目前的情况下，我每周看股价不超过一次。不去看它，你的证券组合也很好，这是一种很好的放松。为了良好地判断，我对电脑和彭博终端机的设置，不会让它们同时把我所有股票的价格显示在一屏上；如果我需要查看某只股票的价格，我会单独去看它，这样我就不会同时看到其他股票的价格。我不想看到其他不相关的股价，免得它们唤起我鲁莽行动的欲望。

对于所有这类噪音对我可怜大脑的影响，值得更进一步思考。太频繁地查看股价会耗尽我的克制力，因为它需要我花费不必要的精神能量去拒绝行动的召唤。而我的精神能量是一种稀缺资源，我希望把它导向更有益的方向。

从丹尼尔·卡尼曼和阿莫斯·特沃斯基的金融行为学研究中，我们还知道，亏损给投资者带来的痛苦程度，是盈利所带来快乐的两倍。所以我需要保护我的大脑，防止在我看到我的股票——或者市场，下跌时产生的情绪风暴伤害它。如果存在平均市场波动性的话，在一个长达20年周期的时间内大部分时间市场是上涨的，但是如果我太频繁地查看，它在当时下跌的可能性就会高得多（纳西姆·塔勒布在他的巨著《随机漫步的傻瓜》中详细解释了这种现象）。**那么，为什么要把我自己推到这样境地，让短期下跌给我带来消极情绪，向我的大脑发出错误信号呢？**

无论如何，对于我所投资的公司类型，没有必要天天盯着看。几乎我投资的所有公司，其长期收益都是不可阻挡的：该公司在朝着积极方向发展，问题只在于收益产生于何时。巴菲特所持有的股票也明显具有这种宝贵特点。当然，他使用"不可避免"这个词来形容自己所期望的最终收益。想一想他在北伯林顿铁路公司的投资。毫无疑问，随着美国经济的发展，国家建设日益成熟，铁路产业也越来越强大，该公司的交通网会越来越宝贵。此外，没有人会在隔壁修一条竞争性铁路，所以伯灵顿公司不会被取代。

如果你投资类似这样真正不可阻挡的公司，关掉显示器，躺在沙发上读读书并没什么关系。毕竟，巴菲特从美国运通、可口可乐这样的公司上赚得数十亿，靠的并不是无聊地盯着股价每天的变化。

规则：尽量少看股价。

2. 如果有人给你推销什么东西，不要买它

在我早年的纽约旋涡时期，我的基金收益相当好，但是似乎没有人关注我，这令我很伤心。后来，我肯定是登录了很多数据库，结果电话开始响个不停。每一个人都想要卖给我些什么东西。股票经纪人打电话推荐股票，推销员打电话想要卖给我高价研究系统、投资新闻订阅、新的电话服务，还有不计其数的其他产品。最初，这些电话像是对我成功的一种肯定，好像这些关注一下子让我出名了。但是我很快就开始看到，当我买了推销员兜售的这些东西之后，我就会做出糟糕的决定。

问题在于，在面对天才销售人员巧舌如簧、天花乱坠的推销时，我的大脑并不擅长进行理性决策（你的大脑可能也一样）。所以我采用了一条简单的规则，事实证明它非常有用。那就是不论有人打电话推销什么东西，我都会尽量客气地答复说，"抱歉。我有一条规则，不允许自己购买任何别人推销给自己的东西。"

令人吃惊的是，推销员还会这样反问道："但是那样的话，你怎么才能找到合适的电话服务呢？"与此类比，股票分析师们会说："但是，难道你不认为这是一只伟大的股票吗？"

有时候，他们确实没错。或许从逻辑上来讲，我确实应该更换电话

服务，或者采纳他们天才般的投资建议。但是我不想这样做。我可能在短期内有所损失。但是从一生的长度来看，远离那些为了个人利益劝我买东西的人，会让我受益更多。这是"逆向选择"的一个简单应用。就像查理·芒格开玩笑所说的一样，"我只想知道，我会死在哪里，这样我就可以永远不去那里。"对于我来说，如果一笔投资是被推销的，那个地方就是我想要回避的地方。

如果在鸡尾酒会上有人和我谈起他们手上一只伟大的股票，或者他们想要我投资的一个私营公司，我也会这样运用这条规则。我或许会听一听。我或许会留下深刻印象。我甚至会被诱惑。**但是只要我这样做会让他们得利，我就不会买它。**有时候，这不见得是销售佣金或者任何其他经济上的好处，它可能只是成功推销他们想法的心理成就感。但是不论如何，这都是我的禁区，因为这些主意的出处是错误的，它们源于推销者的个人小算盘。

像往常一样，巴菲特比我知道这个道理早得多。例如，**他有一条规则，永远不参与公开喊价的拍卖。**跟随他的思路，我从未投资过首次公开募股（IPO），可能将来也永远不会。在一家公司上市的时候，它背后有华尔街所有思维扭曲的推销力量。当然，有些首次公开募股是很好的机会，会快速上涨。但是它的出处是有问题的，所以对于我来说，把所有首次公开募股从购买清单上去掉更安全，哪怕这会错过一次偶然的机会。

规则：如果推销者能从我的购买中获得个人利益，我就不会买。

3. 不要和管理人员谈话

几乎是出于同样的原因，我不喜欢和我研究的公司管理人员讲话。很多聪明的投资者不同意我这种做法。对于他们来说，经常和公司高管进行接触会收获颇多。而且，这种高层接触的允诺可以作为一种有用的营销工具，感召现有股东和潜在的投资者，但他们或许不理解这种对话有潜在的负面效果。

这听起来像是歪理邪说，但是我自己的经验说明，与管理人员的密切联系更有可能降低我的投资收益。问题在于，公司的高级管理人员——特别是首席执行官，往往都是非常高明的推销员。不论他们的业务表现如何，他们总有办法让听众感觉公司的前景一片光明。这种赢得听众——包括董事会成员和股东——赞同的能力，或许是他们爬上公司食物链顶层的最重要天赋。但是这种讲话的天赋并不一定能让他们成为可靠的信息源。

这并不是说，首席执行官、首席财务官，以及其他高管们是邪恶或者不道德的。我可没有一丁点儿如此不敬的意思！这只是因为他们的工作、他们的职责，以及他们的技能引导他们这样发布信息，着重强调积极因素，同时淡化公司存在的任何问题，把它们描述成暂时的，或者容易解决的问题。他们或许没有任何不良意图，就会下意识地略过一些信息。但是这没关系。我知道自己的理性局限，所以更倾向于不让自己面对这种潜在的干扰影响。令我感到特别危险的是，竟有投资者让公司管理人员帮助自己建立对一家公司的第一印象。

我知道有些基金经理在进行研究时会说，"我需要见见公司的管理人员，才能感到安心。"但是谁知道这些管理人员会把他们的思维搅成什么样子？如杲必须面见首席执行官，我才能理解为什么应该买这只股票，这将是一个危险信号。根据我的其他所有研究，这笔投资应该很清楚才对。如果我想要评估公司管理人员的水平，我宁愿保持一定距离，以客观的方式研究公司年报和其他公开数据，还有新闻故事。像这样间接观察，要比和他们一对一见面、冒险进入他们的干扰范围更好。

回想起来，是对莫尼什的观察，让我彻底停止了与管理人员对话。我们第一次讨论这个话题是在2008年，这在当时对于我是一个新鲜概念，因为这与传统理念相冲突，甚至与很多价值投资者的理念相冲突。我不明白为什么我要花那么长时间，才理解这种屏蔽大量噪音的简单方法。

规则：当心首席执行官和其他高管，不论他们看起来多么有魅力、多么有说服力、多么和蔼可亲。

规则例外情况：伯克希尔公司董事长兼首席执行官沃伦·巴菲特，以及其他一小部分首席执行官（比如费尔法克斯金融控股公司、莱卡迪亚全国控股公司、马克尔保险公司等公司的高管），他们会认真对待，假设自己处在股东的位置上，与对方分享他们想要知道的信息。

4. 按照正确顺序研究投资信息

从芒格有关人类误判原因的演讲中，我们知道，第一个进入大脑的想法更容易被大脑所接受。就像他解释的一样，"人类思维就像人类的卵子一样，人类卵子有一种排斥机制。一旦有一个精子进入，它就会完全关闭，不让下一个精子进入。人类思维也有严重的类似倾向。"如果这种说法属实，我就需要极度小心，安排好我收集研报和挖掘投资想法的顺序。我希望从一个有力的起点开始提炼它们，而不是危险的位置。如果这第一个想法来自推销人员，它就会立即把我置于危险的位置。所以，正如我们曾讨论的一样，我排除来自推销人员的任何想法：我不想让来自卖方分析师的推销意见（哪怕很有道理）成为我的第一想法，潜伏在我的大脑深处。

但是如果有我尊重的朋友或同事建议我关注某一只股票，推荐我购买呢？哪怕只是口头听说这样的主意也不是什么好事，如果有聪明人说某些东西非常值得投资，任何投资者都很难保持超然和理性。所以我会试图打断他们。像这样说，"哇，这听起来真不错。让我研究研究，然后咱们再讨论吧。这样我们就能更有准备地来交流。"

如果我和这个人有业务关系，我会告诉他，"我很高兴听到你的投资见解。不过能否麻烦你把它写下来送给我？"如果他们拒绝说，"哦，但我真的需要先和你聊一聊。"我就会告诉他们，我做不到。从社交角度来说，坚持要求对方用书面形式交流可能有些不妥。但是在研究过程中尽量去除激动和情绪的成分很重要。根据我的经验，**我更擅长筛选自己读到的信息，而不是听到的信息。**

如果认定一个投资想法值得我进一步挖掘，我还需要按照正确的顺序进行谨慎研究。这对很多投资者来说似乎无关紧要，**但是我阅读材料的顺序也有讲究，因为我首先阅读的材料总会对我产生较大的影响。**

我的惯例是，先看最客观、最不偏不倚的信息。这往往是公司的公开文件，包括**年报、季报，以及股东委托书**等。这些文件并不完美，但是它们都是精心准备的，特别是在美国，它们都是经过律师审查的。公司不想被起诉，所以它们会努力出一份值得投资者信赖的财务报告。会计人员的审计报告也同样关键。有时候，会计人员在上面签字时或许会有很大压力，生怕忽略掉了什么问题。但是审计员的报告也可能传达出微妙的信号，财务报表可能并不总像它们看起来那么好。读财务报告更像是一门艺术，而不是科学。哪怕没有明说，有时候你也可以感觉到管理人员在试图提供较少的信息，让投资者感觉不够用。就像打扑克一样，一条脚注也有可能不小心"泄露底牌"，让你想知道报告是否有某些问题。

在年报中，管理人员写的序言也很重要。要看它是公开吹嘘自己的广告，还是真心想要与投资者交流情况？我想回避那些自吹自擂的公司，它们总是倾向于展示事物的最好一面。与这种做法形成鲜明对比的是，伯克希尔公司在发布其B级的股票报价时，它会坦率地说，巴菲特和芒格不会以那个价格买入它们。

在读完公司文件之后，我一般会看一些客观性较低的公司文件——比如**收益报告、媒体发布的信息、电话会议记录**等。从**有关公司或其创始人的书中搜集资料，**可能也会得到有用的信息。这些作品大都是作者花费大量心血写出来的，如果不是空虚堆砌的话，往往会非常有用；有时候，这些作品很有深度，以至于我在阅读公司文件之前读它们。首次关注伯克希尔公司的投资者，就不妨先读读罗格·洛温斯坦和艾丽丝·施罗德写的有关巴菲特的作品。类似地，在研究沃尔玛时，先读萨姆·沃尔顿的《富甲美国》一书就是个不错的开端。

这些有关信息顺序的说法可能貌似陈腐。但是我们操作中的小变动，可能带来很大的影响。多年以来，通过不断改进吸收信息的方法，我在努力创造更好的成功环境。而且，我们每个人的思维都不一样，所以我对健康、平衡信息组合的看法，可能与你不同。《华尔街日报》曾报道说，巴菲特办公室里有一台小电视，调在CNBC频道上，不过是静音状态。我在过去也发现，在工作时有一台电视非常分心，因为它总是以没用的方式刺激我的大脑。

我还努力减少自己对互联网的使用（有时候没做到），因为网络可能把我带到上千个不同方向。浏览网页的所有链接和其他信息，需要消耗大量精力。我不想让我的思维链突然被打断。所以我喜欢阅读类似《华尔街日报》《金融时报》《经济学人》《巴伦周刊》《财富》《彭博商业周报》《福布斯》等实体出版物，还有一些更难懂的出版物，比如《美国银行家》和《国际铁路日报》。

此外，**在阅读公司文件之前，我会避免阅读任何媒体报道**。有很多提供有用背景和观点的好记者。但是对我而言，把阅读新闻不放在太优先的位置很重要，因为它们会给我行动的理由，但并没有提供本质性的内容。公司文件就像是我的肉类和蔬菜——不算好吃，但是往往最有营养。

至于券商公司发布的股票研究报告，我很少读它们，也从不依靠它们。当我做完了其他所有研究之后，我有时候也会翻翻这些报告，好让自己知道华尔街对一家公司或一个行业的看法。但是我谨慎地把它放在我阅读的最后顺序，这时我已经基本形成了自己的印象。我从不怀疑，券商里也有一些聪明人。有时候，他们可以提供一些真知灼见，特别是针对行业动态。所以完全忽略这个群体是不明智，也是不恰当的。但是他们做这些工作时，拿了券商的薪酬。我在读它的时候，就是把自己暴露给了华尔街，那是一台巨大的推销机器。而且，我培养所有这些习惯的目的，就是避免与市场同步；和他们步伐一致，只能得到中庸的中等成果。

规则：关注你吸收信息的顺序。在吃完肉类和蔬菜之前，不要着急吃餐后甜点。

5. 只与没有私心的人讨论你的投资观点

到目前为止，我拒绝与首席执行官、券商分析师，或者任何其他来自销售界的人讲话。他们当中很多人都是很有魅力的正直人，有债务需要偿还，有可爱的孩子需要供养。但是在我眼里，他们任职于销售机构是个致命缺陷。那么，有没有什么人，我真心喜欢和他们讨论潜在的投资机会呢？这是个好问题。感谢提问。

如果我想要征询他人的意见（我经常这么做），我发现咨询值得信赖的**买方伙伴**更加有用。多年以来，我和很多投资者进行了宝贵的探讨，他们包括尼克·司丽普、克里斯·霍恩、比尔·艾克曼、史蒂夫·沃尔曼、艾伦·贝内罗、肯·叔宾·斯坦、但丁·阿尔贝蒂尼、乔纳森·勃兰特，还有格雷格·亚历山大。他们都没有想刻意给我灌输什么，但都教给了我很多东西。根据我的经验，探讨投资的最佳伙伴，**不仅要聪明，还要能在谈话之外的生活里保持自我**。这样，这些讨论才会变得妙趣横生，不会打扰我宁静的心田。渐渐地，与我讨论投资最多的人成了莫尼什，这一方面是因为他的分析能力出类拔萃，另一方面还因为他没有任何私心。

我从青年总裁协会等组织中借用了三条基本规则，可以让投资讨论达到最佳效果。第一，会谈必须严格保密。第二，会谈双方都不应以判决的语气交谈，以免让他人感觉自己并评判，从而产生辩护的心理。事实上，如果你不知道其他人是想买进还是卖出股票，这种交流是有益的，因为知道别人这方面的想法反而会把情况搞糟。第三，我们之间不能有业务关系，因为这会歪曲会谈的性质，有意无意地与财务挂钩。当然，会谈中最重要的还是相互信任。所以在对方明确表示同意之前，你不应采取任何行动。如果我对购买某只股票感兴趣，想与其他某些人讨论它，我需要询问对方这是否合适。如果其回答是否定的，我就不应该那么做。

这些会谈的目标不是得到"正确答案"，也不是进行智力竞赛。它是为了分享我们的经验和信息。为了达到这一点，提一些开放性问题是有好处的。例如，不要问某家公司明年盈利如何，问"他们需要怎样做，明年才能有更好的盈利"会更好。

我记得与什埃·达达什提的一次会谈，他是一位基金经理，已经允许我公开我们那次讨论的内容。当时，他在研究运动鞋生产商盖世威公司。我对耐克有过大量研究，并曾关注过它赞助网球和橄榄球的效果。我没有对什埃说，盖世威是运动鞋领域中的落后者，我建议他列出前20名网球运动员的名单，看看都是哪家公司在赞助他们，然后再评估在这个赢家通吃的市场里，哪些运动员吸引了最多的观众。在这个过程中，他发现盖世威只赞助了其中一名运动员，而耐克赞助了六七个——这说明，盖世威想赢得耐克的市场份额，有难以逾越的障碍。任何时候，我们都不会讨论什埃是否已经持有这些股票，或者是否曾考虑过买入这些股票。但是我猜，我们的会谈可以帮助他认清，这家公司并不是他最理想的投资目标。

规则：与其他投资者分享你的知识，不过要跟随那些能在逆境中保持自我的人。如果对方恰巧是巴菲特、芒格或者帕伯莱，那就再好不过了。

6. 永远不要在开市期间买卖股票

华尔街的精妙设计，就是要从人类大脑的弱点中牟利。例如，不择手段的券商创造出良好的报表，让他们的经纪人说服客户买入某只股票。而其背后的真实目标，是为券商自己制造可以盈利的交易活动。作为一名长期价值投资者，我正好和华尔街相反。我需要做的，就是投资一些伟大的公司，然后按兵不动。华尔街从频繁交易中牟利，我的股东和我却通过潜伏不动获得回报。

为了让我坚持这样做，我需要一系列断路器，减缓我行动的速度，防止我鲁莽行动。其中有些惯例和过程很明显，看起来似乎不值一提。但是我发现它们非常有好处，而且也不需要花费太多时间和精力去实施。

在买卖股票的时候，我需要让自己脱离时时刻刻的市场价格变化，它可能会搅乱我的情绪，刺激我行动的欲望，遮蔽我的判断。所以我受莫尼什启发，设定有一条规则，就是不在开市的时候交易股票。相反，我更喜欢等交易时间结束之后，再发邮件给我的经纪人——我刻意不与他们直接谈话——让他们在第二天以平均价格交易股票。我不会试图在市场上冒险，因为我不想被它不停的潮起潮落卷走。正如格雷厄姆所说的一样，我们必须让市场做我们的仆人，而不是我们的主人。

偶尔我也会打破这条规则，因为有特别紧急的理由，必须在开市期间交易某只股票。和所有这些规则一样，其目的不是要让它们束缚我的行为，而是让它们把我的行为引导向更健康方向。这条交易规则的意义在于，它能允许我脱离市场。

与此相反，在我早年担任基金经理时，我在屋里有一张交易桌。这是一种可怕的想法，它把市场搬到了我的办公室核心，甚至比拥有一台彭博终端机还糟糕。我也经常直接与交易员谈话，他们会问我这样的问题："你希望我看看下面，了解了解市场吗？"我不知道还有什么能比这个更好的方法，于是让自己暴露在这种令人眼花缭乱的市场行为中。所有这些信息都让我感到自己的力量，给我一种已经掌控世界的错觉。

我现在的观点是，我们不必费尽心思去管一直波动的价格信息。但是我花了几年时间才明白这一点，并设计出这样的原则对自己说，"我将要去屏蔽一切噪音。"一开始，这可能令人提心吊胆。但是根据我的经验，很快就会感受非常自由。

规则：与市场保持安全距离。不要让它入侵你的办公室或大脑。

7. 如果你买的股票下跌了，两年之内不要卖

股票上涨的时候，卖掉它可能是一件乐事。但是这就像我们与老朋友分别，总是苦乐参半。当一只股票下跌的时候，卖掉它更多是因为情绪问题。毕竟，如果一笔投资已经让你损失了很多钱，再进行理性决策是很困难的，因为懊悔、自我厌憎、恐惧之类的负面情绪，可能让你清

晰思考的能力短路。莫尼什设计了一条规则，应对这种情况下的心理压力：如果他买的一只股票下跌了，他在两年之内不允许自己卖掉它。

在与巴菲特共进午餐时，他向我解释了这条规则，它太有意义了，我几乎是原封不动地拿来使用。它再一次扮演了断路器的角色，放慢了我行动的节奏，提高了我做出理性决策的概率。更重要的是，它迫使我在购买股票前更加谨慎，因为我知道，如果犯错误，它就将跟随我两年之久。这让我避免了很多糟糕的投资。事实上，在买入一只股票之前，我总是假设股价会突然暴跌50%，问自己能否受得了。然后，我会根据万一真跌一半时自己的情感承受程度，买入适当的数量。

莫尼什的这条规则，是巴菲特经常与学生交流的一个重要想法的变形。巴菲特曾这样说，"我可以改善你们最终的财富。给你们一张有20个孔位的票，你们可以在上边打20个孔——代表你们一生中的投资机会次数。当你们把卡上的20个孔打完之后，就不能再做任何投资了。在这条规则前提下，你们会真正仔细地思考自己怎样做，增仓自己真正看中的股票。这样你们就会做得更好。"

规则：在买入任何股票之前，确保你足够喜欢它，哪怕你买入之后股价就腰斩，你也愿意持有它两年。

8. 不要讨论你当前的投资

多年以来，我逐渐认识到，公开讨论我持有的股票是一个坏主意。这倒不是担心其他投资者可能盗窃我最好的想法。真正的问题在于，它会扰乱我的头脑。一旦我们发表了公开演讲，心理上就很难再去推翻自己说过的话——哪怕我们后悔了之前的观点。鉴于市场形势瞬息万变，可能我说完就会发现自己错了，所以公开评论某一只股票是我最不愿意做的事情，这样可能把自己套进去。

我最初是在芒格关于人类误判的演讲中，接触到了这个观点，它引导我去读了罗伯特·西奥迪尼的《影响力》。西奥迪尼把我们思维中的这种特征描述为"承诺与始终如一原则"。为了描述这种想法，他提到了1966年的一项心理学实验，实验者提问帕洛阿尔托市的居民，他们是否愿意做一些不怎么花钱的事情，帮助他们的社区。几天之后，又请他们在自家门前的草坪上安放一个丑陋的标志，提醒过往司机不要在社区超速行驶。之前承诺做一些不怎么花钱的事情帮助社区的人，感觉很难改变自己之前说出来的立场，所以他们大都认为自己有责任把这些标志安放在自家草坪上。

类似地，如果你告诉一个孩子，你要请他们吃东西，他们一般会回应说，"你保证？"他们天生理解人们在明确立场之后很难改变。

我第一次有这样的亲身经历，是一只叫作EVCI的股票，我在2003年前后买入了它。在18个月时间里，它翻了7倍，成为我届时为止最成功的一笔投资。我们将在后文讨论，我当时应该卖掉全部股份。但是我接受《价值投资家洞察》的采访时，把EVCI当作我超凡投资技术的一个典范来吹捧。结果，我公开投资了这只股票，却不好放弃它，哪怕它已经不再便宜了。出于多种原因，该股票价格随后腰斩。回想起来，如果我没有在采访中说那些话，就会更容易脱身，因为那样我有更大的灵活空间，只要形势发生变化就可以卖出。

同样，我也花了很长时间才开始按照这条规则行动，确实停止公开讨论我所持有的股票。有时候，我有必要披露自己在做什么。例如，在我的基金在金融危机中受到打击之后，我需要向股东们保证，确保他们不会灰心。所以我会详细告诉他们，我现在持有克里苏德公司和伦敦矿业公司等股票，让股东们清楚，这些都是物美价廉的股票，有很好的前景。

2010年，在我的基金迅速回升之后，我最终做出改变：停止在公开场合讨论我的当前投资状况，包括在我的基金年会、接受记者采访，以及给股东的信中。最初，做出这样的改变并不容易。一旦你在市场中建立了一种预期，就很难扭转，否则人们就会觉得自己受到了欺骗。但是这种流程的改变值得冒险，哪怕触怒一些人也值得。

我对这条规则并不教条死板。如果我和一位股东私下聊天，我可能在最后谈一谈我们持有的某只股票。但是即使是在这样的私密场合，我也尽量保持中立客观，少加评论，抑制掏心窝倾诉我为什么感觉某只股票很好的原因。我知道，只要说出口，之后再想做出与此不一致的决策就将很难。所以，为什么要在容易避免的时候，给自己创造这种头疼的隐患呢？

虽然不在给股东的信里讨论当前持股，但是我会在事后详细报告已经卖掉的股票。这让股东们清晰地了解他们的钱都被投资到了哪里，但是不会干扰到我尽量理性行动的能力。对于我来说，这绝对是卸下了一个心理包袱。我敢说，大部分个体投资者也能从保持沉默中受益，因为**他们讨论当前持股只会加大自己理性操作的难度**。如果不必担心他人可能怎样评判你，事情就会简单得多。

规则：不要公开谈论任何你以后可能后悔的投资。

13

一位投资者的检查清单
来自一位外科医生的生存策略

THE EDUCATION
OF A VALUE INVESTOR

就算构建了良好的环境，有一套强大的投资规则，我们依然有可能陷入困境。大脑的设计，并没有打算用一丝不苟的逻辑检查我们投资决策的所有可能。投资业务和经济世界的复杂性，我们面对金钱相关事务时的不理性，使我们必然会犯很多愚蠢的错误。我们之前讨论的**习惯和流程**，应该可以帮助我们朝正确的方向移动。但是还有一种非常宝贵的投资工具，值得单独用一章篇幅来介绍：**检查清单**。

建立检查清单的目的，是避免明显的、可预测的错误。**在做出任何买入股票的决定之前，我都会打开检查清单，把它当作最后一道防线，防止我那不可靠的大脑忽略任何容易忽视的潜在警告信号。**在我的决策流程中，检查清单是最后的断路器。

这种想法并非我的原创，而是阿图·葛文德发明的。他曾是牛津大学的罗德学者，现在是波士顿布里翰妇女医院的外科医生，哈佛大学医学院外科教授，还是一位知名作家。他是思想家与实践家的完美结合，也是一个非常好的人。

2007年12月，葛文德在《纽约客》杂志上发表了一篇名为"检查清单"的故事，主要根据他自己从事外科医生的经验，探讨一个既深刻又有实践意义的问题。用他的话来说，"抢救工作已经变得超乎寻常的复杂，哪怕是我们最顶级的专家也难以避免一些小差错。"他解释说，这反映了其他领域同样存在的一个基础性问题，并称为"管理极端复杂性的艺术"，以及"人们到底能不能掌控这样的复杂性"的问题。

他的文章继续描述了皮特·普罗诺弗斯特的开创性工作，后者是约翰霍普金斯医院的一名重症监护专家，在一位特殊患者病危之际，他设计了一份检查清单。普罗诺弗斯特拿了一页纸，列出了避免感染的所有必要步骤，有一名患者曾因感染差点死亡。这些步骤都是"傻瓜式"的，然而事实上，医生们至少会在三分之一的患者身上跳过至少一个步骤。在医院开始使用检查清单之后，减少了很多患者死亡现象。这一部分是因为，检查清单帮助了医生们的记忆，"特别是那些容易忽视的琐碎小事"，还有一部分是因为，他们明确了特定预防措施的重要性。其他医院也效仿了这套做法，把这种清单当作处理复杂性的实用方法。

当莫尼什读到葛文德的文章时，他突然顿悟，马上意识到这种简单清单的做法也能用于投资——另一个非常复杂的领域，即使其中的顶级专家也难免出差错，犯下一些低级错误。对于我们来说，这不会致人死亡的。但是投资失误会把股东的毕生积蓄置于险地，给他们带来巨大的损失。

有一天下午，我坐在曼哈顿的办公室，莫尼什给我发来了一份葛文德文章的副本。然后我们就在电话中交流，他当时非常兴奋。莫尼什有一种思维，能够很容易做出非同寻常的联系，所以他立即发现，这种检查清单是个伟大的想法。我认为它很有趣，但是花了更多时间才理解，它可能是多么的重要。现在，我已经习惯了这个事实，莫尼什领会事物总比我快。我用巴菲特的一句名言来安慰自己："生活的关键在于，找准给谁当跟班。"而我早就认识到，给莫尼什当跟班没什么可丢人的。撇开这个不说，在我忙于模仿莫尼什·帕伯莱的时候，他也在忙着模仿阿图·葛文德。

莫尼什以惊人的强度和苛刻追逐检查清单的想法。他把我们一群人组织到一起，回忆我们曾经犯过的很多投资错误。针对每一种错误，我们都要分析为什么它会发生，我们是否应该事先发现错误原因。有时候回想起自己曾错过一些关键线索，我就会摇摇头说，"我当时怎么就没有留意到呢？"

莫尼什把他自己犯过的错误也加了进来。我们还加入了巴菲特和芒格曾经犯过的一些错误（数量很少），包括他们对利捷航空公司和一些零售公司的投资，比如德克斯特鞋业公司——这提醒我们零售业比一般人想象的更难赚钱。巴菲特在2007年给股东的信中坦白说，"迄今为止，德克斯特是我所做的最糟糕的一笔业务。但是将来我还会犯更严重的错误——你们不信可以打赌。一首贝比·贝尔乡村民谣的歌词，解释了经常出现的情况：'我从未和丑女人上过床，但有几次醒来时确实她们就在身边。'"

莫尼什还和我讨论过，伯克希尔公司在2000年对考特家具的投资选错了时机。在1990年代高科技泡沫时期，考特公司给创业公司出租家具获利颇丰，但是巴菲特和芒格低估了泡沫破灭时，这家公司的效益是多么的不堪一击。芒格后来称这次投资为"宏观经济错误"。

我帮莫尼什详细分析了我自己以及其他投资者曾犯过的错误。莫尼什自己的工作节奏非常快，简直让人不知所措。我们汇编出错误清单草稿之后——这都是我们应该汲取的教训——他聘请了几个哈佛商学院的研究生进行了艰苦的调查。他们研究了大约20个聪明的价值投资者的案例（包括东南资产管理和费尔霍姆资本管理等公司），把他们以亏损价格卖出的投资视作错误。然后，这几个学生阅读了这些投资者的公开报告和年度信函，重构这些失败投资背后的思维。

我们所做的事情还勾起了葛文德本人的兴趣。他采访了我和莫尼什，并在他2009年的畅销书《清单革命：如何持续、正确、安全地把事情做好》中的几页提到了我们。此外，他还提到莫尼什的反思，后者认识到自己曾"重复犯错"，低估了负债公司的风险。我向葛文德建议，这个问题的部分原因可能在于我所说的"可卡因大脑"：赚钱的兴奋可能和吸毒一样，激发大脑中的同一个回报环路，使理性思维忽视一些看似不相关、事实上有关系的细节。毋庸赘言，这种思维状态不是冷静客观分析投资风险的最佳状态。

到我定居苏黎世时，我们已经积累了丰富的失败案例。其中包括我和莫尼什在信贷危机时犯下的几次错误，当时我们的某些股票下跌了80%以上。在我们的事后分析中，我们找到了当时哪里出问题了——更重要的是，我们设计出了一个检查清单，它能帮助我们避免重蹈覆辙。

莫尼什承担了这项工作的大部分任务，他最终将他的检查清单汇总为六大类，包括负债率和公司管理等主题。这是一笔惊人的智力宝藏。我自己的检查清单，则厚脸皮地借用了他的很多内容，包括大约70项条目，不过它还在不断改进。**在扣动任何投资的扳机之前，我都会从电脑里或文件柜里找出这份检查清单，检查自己是否忽略了什么情况。**有时候，这个过程只需要15分钟时间，但它至少让我放弃了几十次投资意向。在一个典型案例中，我可能总结说，"好了，这只股票与我检查清单中的四项条目不符。"在此基础上，我就不大可能投资它。但是这也不是非黑即白的机械判定。

因为我有注意力缺乏症，思维常常会跳过某些重要信息——包括一些基本信息，比如我把钥匙放在哪里了。在投资过程中也会发生类似情况。于是检查清单就显得异常宝贵，因为**它以系统的方式，重新引导并检验投资者游离的注意力**。我有时候会在投资过程中间使用检查清单，从而深化我对一家公司的认识，但是它最大的作用，还是在即将投资的最后关头，让我悬崖勒马。

必须提醒，你要意识到我的检查清单并不等于你的检查清单。这不是一项可以外包的工作，因为你的检查清单应该反映你自己的个人经历、知识，以及之前犯过的错误。只有认真分析过去所犯的错误，你才能看到其中是否有什么重复的模式，或者某些脆弱的领域。我们每个人都各自不同，我们陷入混乱的方式也不尽相同。例如，有些投资者容易被高度杠杆化的公司所提供的机会所诱惑。我却不会，所以我不需要很多检查条目，警告自己谨慎对待这种危险情况。与我相反，莫尼什不太担心高度杠杆化的公司，所以在这个领域，他或许需要更多提醒。

类似地，像比尔·艾克曼这样的投资者喜欢参与有争议的股票，那些公司的管理人员可能迷惑轻信的投资者。如果我是比尔，我就会在检查清单里写上一条："我陷入这种环境，是因为它是我所能做的最佳投资，还是因为我喜欢这种刺激的调研冒险，想要纠正全世界的错误呢？"这并不是要批评比尔，他是一位顶级投资家，一定也有同样出色的调研记录。问题在于我们要审视自己的习性，理解它们可能把我们带向何方。

在我自己的情况中，我很在意人们是否喜欢我，我还发现很难拒绝自己喜欢的人。这让我在某些环境中变得脆弱，因为这些情感需求可能让我的理性判断短路。为了抵制这种现象，我在检查清单里安排了这样一个问题："有没有什么方法可以把这笔投资推销给我？在这种情况下有没有人从中渔利？如果我做了这笔投资，谁将从中受益？这笔投资是否是由于我自己的某些个人喜好，并且应该再加斟酌？"

鉴于我的个性特点，追问我是否只是想要满足自己个性中的部分，而不是最大化我的投资收益，是有意义的。一份检查清单，是管理你自身思维、保护自己免受个人癖好干扰的好方法，所以它需要建立在这种自我反省的基础之上。

我还要告诫的是，检查清单绝不像购物清单，里面都是我们想在一笔业务中找到的特点。我曾看到某些投资检查清单中有这样的问题："这家公司便宜吗？"或者"它的股票回报率高不高？"在我看来，这样使用检查清单是错误的。我更喜欢像飞行员一样使用他们。他们不会问："这架飞机飞得快不快？"或者"我是要飞去一个阳光明媚的地方吗？"**他们的检查清单中的条目，都是用来帮助他们避免之前曾导致飞机失事的错误的。在投资中也是一样，检查清单的真正目的，是总结过去难以忘怀的教训，用作一种生存工具。**

但是解释最好还是用一些真实案例，现在我向你解释我怎样设计我的检查清单。这里有四个案例分析——我曾在那样的情况中犯下损失惨重的投资错误，导致我设计了专门的检查清单条目。举出这些例子，也不只是为了让你了解我选股生涯中的几次失败经历，而是为了**给你一种更加明确的感觉，应该怎样分析你的错误和盲点，从而设计出你自己的检查清单。**

案例学习一：丧失冷静的人

回到2001年，当时我还住在曼哈顿，开始投资一系列以营利为目的教育公司。我周游世界，了解这些公司的业务，广泛深入搜索同一领域的好公司。我飞到新加坡、上海、孟买，考察一家全球领先的公司——莱佛士教育集团，我还把我的分析师派到了菲律宾。但最后发现，该行业几家最诱人的公司就在我的后院。我汇总了纽约市所有以营利为目的的教育公司名单，骑着我的宝马摩托车挨家去调研。当时，我对该领域的了解一定超过美国其他几乎所有投资者。而且我喜欢骑那辆摩托！

在这些调研期间，我遇到了一个令人费解的学校，叫作因特波罗学校，它由EVCI职业控股集团拥有。这家公司的企业管理团队以一种创新的方式为资源有限的学生提供大学教育，这些学生很多都没能从高中毕业。这些学生通常都会得到高于因特波罗基本教育所需的财政援助。所以他们是在免费接受教育，同时因特波罗也在这个过程中赚钱。这个模式后来受到了攻击。但是我参加了至少三次因特波罗学校毕业典礼，亲眼看到它产生了实实在在的社会效益。从本质上说，他帮助那些不是特别优秀的学生获得了文凭，从而可以在医疗财务和保险管理等领域求职，而不必在杂货店打杂。

在我研究的早期阶段，我向惠特尼·迪尔森提起了EVCI，我们共同造访了这家位于扬克斯的公司。公司业务做得很好，但是EVCI在收购因特波罗时，欠下了200万美元的债务。在2003年6月，我和惠特尼分别向EVCI投资了100万美元，解决了公司的债务问题，鼓舞了公司发展。与此同时，因特波罗的学生数量飞速增长，盈利也随之暴涨，我100万美元的投资在18个月后就变成了700万美元。

运营蓝宝石基金这样的小基金就有这样的好处：我可以在这样的小公司里占据重要位置，它的运营方式入不了大基金的法眼。看到自己的辛苦跑腿得到了回报，也是值得兴奋的。总的来说，这笔投资感觉就像一场凯旋。我感到非常骄傲。当一只股票这样飞涨时，你心里会有一种真实感受："哇，这可都是真金白银啊。"

看到EVCI的运营收入和翻了七倍的股价，董事会批准给公司两位高管大幅提高待遇。总裁兼首席执行官的基本年薪从32.6万美元提高到了62.1万美元，董事长的基本年薪从26.7万美元提高到了48.3万美元。那时候，我非常感激他们对公司的睿智管理，希望他们能和他们的投资者一起富起来。但这只是一家很小的公司，前一年的运营利润总共也不到350万美元。这次涨薪意味着，这两位高管现在要以现金形式拿走差不多四分之一的运营利润。对于我和其他投资者来说，这样规模的公司做出这样的举动，实在是出乎意料。说到底，是谁拥有这家公司呢？是管理人员还是股东呢？回想起来，我当时就应该卖掉手上的全部股份。

我感到震惊又心烦。这种短视、自私的公司决策震惊了我，我连续写了几封坦率的信件给公司管理人员和董事会，告诉他们这种不恰当的薪酬方案是"愚蠢的"，抱怨这削弱了投资者对他们的信心。一开头，我就解释说，这种方案从经济上说是效率低下的，因为很大一部分利润将要交给税务局缴纳个人所得税。更重要的是，这笔巨额薪金必然要出现在公司公告中，所有人都会看到。因特波罗的竞争对手是政府部门，那里的教育主管完全没机会获得这样高的报酬。我担心，这些暴涨的薪金会引发众怒，范围甚至会超出纽约州的教育部门之外。这可能导致政府对因特波罗发起审查，甚至吊销其教育执照，这都是我们所不愿意看到的。

我在信中提出了一种有力的变通方式。我说，我愿意发挥重要股东的影响力，让公司通过一项补偿方案，给他们一大笔股票期权。如果股价继续上涨，他们都可以获得上百万美元。我认为这是一个巨大的激励，也是对他们造福股东的合理报酬。但是公司管理人员和董事会都没有给我回信。我觉得这太令人费解了。我可是为了帮助他们赚钱的。他们却懒得回复。

我坚信自己的观点能够赢得他们的支持，安排与EVCI的总裁兼首席执行官一起吃顿饭，地点就选在扬克斯离他办公室不远的一家饭店。我们的会谈一开始还洋溢着和谐热情，但是好像突然打开了地狱的禁锢。他开始以最高音量冲我大喊大叫，整个饭店都被震惊了，陷入了一片寂静。这感觉像是电影里的场面。我已经记不起他的具体言语，但是他的大意是：“你是在指控我撒谎吗？”他还说了类似“你当你是哪根葱？”之类的话。

我愣住了，完全不知道该如何回应。我想我是在给他提供一个赚大钱的机会。然而，他似乎却决定当众羞辱我。这其中的转折太令人震惊了。我后来发现，他当时正在经历一场痛苦的离婚。根据纽约上诉法院的法律记录，他和妻子在争夺他们的物质财产，包括他在EVCI的股份。他的妻子从2003年开始着手离婚。三年以后，最高法院判定她被抛弃而离婚，驳回了他“EVCI股票增值部分应该完全归他所有”的声明，并确定了“评估”他手中股票及期权的审理日期。

换句话说，他当时正处于一场金钱抢夺战中——特别是有关他在EVCI的股权。这有助于解释，为什么我提议他撤回给自己加薪的决定，接受一份只要股票表现好回报就更丰厚的薪酬，他却冲我发火。大概，他担心这笔未来财富有一大半都会被判给他的前妻。他肯定感觉到来自各方的攻击。而且，**我们知道当金钱处于险境时，理性行动是很难的**。以我的观点，这位总裁兼首席执行官是个睿智正派的人。但是当时给我感觉，似乎他被骗到了一个不利于他的地方。

我们没谈拢的午餐，预示了更多麻烦的到来。EVCI的股价很快腰斩——这时候，我终于卖出了我的全部股份。如我预见的一样，这家公司丧失了政府教育部门的青睐：2007年，纽约教育委员会颁布了新的考核标准，使因特波罗的学生更难获得财政援助。在发现它的一些学生不符合接受援助的标准之后，政府要求该公司偿还给助学基金数百万美元。2007年12月，《高等教育日报》报道EVCI决定关闭因特波罗，因为"它意识到，它的大部分学生都不再符合州或联邦援助的标准"。该公司还受到一连串证券诈骗诉讼的打击。这个一度被看作励志成功的故事，最终以羞辱收场。

　　后来，在事后分析我的各个投资错误时，我重新审视了EVCI的情况，试图从中汲取有用的经验教训。对于我来说，最重要的收获之一，就是我需要更加留意，高管的生活状况可能影响他们的决策，影响他们管理公司的能力。如果我和妻子发生了小争吵，它可能让我一整天不在状态，同时影响我的情绪和明智决策的能力。所以，我能想象到，经历一场争吵不断的离婚是多么的辛苦。当然，这只是生活事件让高管脱离正轨的一个事例：它还可能是家人去世、与商业伙伴出现重大分歧，甚至是个人债务达到了极端水平。

　　生活是麻烦的，我们都有艰难的时刻。但是要认识到，高级管理人员——像我们这样的人，可能因为这类个人烦恼脱离正轨。毕竟，当一个人四处碰壁的时候，他们更可能做出错误的判断，所以我在检查清单里加了两条，作为从这家教育公司学到的难得一课的正式提醒。

　　检查清单：这家公司管理团队的关键人物，有没有人正在经历困难的个人事务，可能彻底影响他们造福股东的能力？此外，这个管理团队之前有没有做过什么愚蠢的自私行为？

案例学习二：特百惠公司的故事

特百惠塑料制品公司成立于1938年，它的创始人塞拉斯·塔珀伯爵曾在杜邦化学公司任职。他用聚乙烯熔渣制成了特百惠的第一款容器，那是提炼原油时的一种副产品。今天，他的塑料容器品牌已经销售到上百个国家。该公司没有在商场里销售产品，而是依靠大量"顾问"组织特百惠"家庭聚会"，主人邀请客人了解公司产品之后，可以得到免费产品作为回报。

1990年代后期，我开始对特百惠公司产生兴趣，它身上似乎结合了一家高质量公司的各种要素。特别令我感动的是它出色的利润率和股票回报。这家公司能把价值5美元的塑料变成价值50美元的特百惠产品。公司赚了很多钱，但它并不需要太多资金。另外，我记得芒格在有关人类误判的讲座中，也提到了特百惠聚会。他说，这些聚会是"巧妙操纵他人心理的小把戏"的典型，罗伯特·西奥迪尼曾在他的书中讨论过这类方法。据说他们这样做的总体效果非常好，家庭主妇购买了很多特百惠产品，尽管它们价格不菲。

我想亲身体验一下。于是我和一位朋友在我的纽约公寓举办了一次特百惠聚会。我被心理作用所发挥的力量惊呆了。首先，这里有一条互惠原则。作为主人，我们知道我们会根据这场聚会的销量，得到相应数量的免费特百惠产品。所以特百惠代言人同意我们组织这次活动，我们就已经很心怀感恩了，在收到作为回报的免费容器之后，我们更是兴奋不已。在活动刚开始时，特百惠代言人会向大家分发一份小礼品，这样就不会有客人空手而归。结果，正如西奥迪尼曾经预测的一样，参加聚会的每一个人都渴望能够报答这份小礼品。

另一种发挥作用的心理力量，是喜好原则。我们喜欢我们邀请的朋友，他们也喜欢我们。在特百惠代言人给我们发礼物之后，我们也都喜欢她。半小时前她还完全是个陌生人，现在她不仅是我们的朋友，更成为我们团队的一部分。

还有其他心理作用。例如，权威原则也在发挥作用，因为特百惠代言人对食品很有了解，这强化了她作为特百惠推销员的权威作用。还有一种稀缺因素的作用，因为她并没有携带足够的产品，满足我们所有客人的需求。此外，我有没有提到，特百惠容器都有非常明亮、生动的颜色，非常引人注目。简而言之，这场聚会就是销售心理学发挥最大作用的典型案例。在短短几个小时里，我们的特百惠代言人销售了价值2000多美元的产品，她自己也赚了将近1000美元。

看到这种现象，我感觉自己明白了这家公司如此成功的原因：它的超级表现，是建立在这些聚会释放出来的心理学效果上的。此外，尽管发达国家的市场已经饱和，我还是可以看到特百惠公司在新兴市场的无穷机会。带着这些观点，我兴冲冲地买入了这只股票。我知道在这个世界上，每隔两分钟就有一场特百惠聚会召开，这些心理学原则都会发挥作用，所以我感到很放心。

但不幸的是，我错了。有的投资失败得很快，而这一个失败得比较慢——这对一个投资者来说更为灾难，因为这些缓慢的损失会持续很长时间，吞噬你大量精力。在我持有特百惠公司的时候，总有这里或那里业绩不好。销售几乎没有增长。我收听公司的季度电话会议，分析哪里出问题了。这些电话让我确信，公司管理层很有竞争力，也在努力工作。但是我后来才逐渐意识到，这家公司面临一个基础性问题：竞争对手太多了，而其产品的高定价成为销售增长的严重障碍。

几年之后，我才真正搞清楚事情的原委。在特百惠初次冲入市场时，它的产品是独一无二的。消费者愿意为它所承诺的"锁住新鲜"支付额外费用。但是几十年以来，很多其他竞争者加入了这场游戏，他们的产品密封性也在不断提升，最终可以与特百惠媲美。这些对手产品可能没有特百惠产品那么诱人，但是它们更便宜，在超市里也很容易买到。结果，特百惠无法再为一种简单产品的高定价辩护。尽管管理团队使劲浑身解数，他们已扭转不了这种残酷的经济事实。

　　我最终在1999年夏天投降了，差不多以两年前买入的原价将它们卖掉了。回顾这次失败的投资，显然我败在了没有提问最明显的问题：这个产品是否值这个价钱？在主持特百惠聚会的正面体验之后，我心理上太想拥有这只股票，却没有客观看待它的缺点。

　　这次失败的冒险教给了我宝贵一课：我今后只想投资能在整个生态系统中实现双赢的公司。生态系统即"价值链"。**一家伟大的公司应该在自己赚大钱的同时，给它的客户带来实实在在的价值。**最开始，特百惠公司给人们带来了一种创新产品，它做到了这一点。但是现在，已不再如此。

　　反过来，我们不妨考虑一下沃尔玛、好市多、政府雇员保险公司、亚马逊等世界一流公司。沃尔玛努力为消费者服务，让其销售的一切商品都更加便宜，不断从它的分销系统中压缩开支。这取悦了它的消费者，所以他们每年都给沃尔玛贡献更多业绩。你或许会想，沃尔玛的供应商可能会愤恨，因为他们的利润被榨干了。但是沃尔玛产生的巨大销量，让供应商也得到了好处。这个生态系统里的每一个参与者都是赢家：沃尔玛及其股东、它的供应商，以及它的顾客（即便如此，我也从来没有买过沃尔玛的股票，因为这家公司已经太大了，它的股票也已经太贵了，达不到我的买入标准）。

将来，我决定要更好地分析整个价值链，从中辨别更有效驱动价值链的公司。这种分析会让我避免投资特百惠那样的错误。它还能让我远离很多公司，比如菲利普莫里斯公司（这家烟草公司利润很高，但会损害消费者的健康），还有希腊国有博彩公司（它很能赚钱，但会让消费者的财富蒙受损失），这两家公司都有印钱的执照。但是它们成功地利用了人们的弱点，是建立在损害他人的基础之上的。从消费者和整个社会的角度来看，这不是一笔双赢的买卖。

从个人感情而言，我不想投资让社会更糟糕的公司，哪怕它们的产品是合法的。你可以说我不理生，但我认为这是一种孽债。在任何情况下，我都更愿意投资造福社会的公司。再说一次，在学习这一课的过程中，我意识到巴菲特早就懂得了这个道理：只要我留意就会发现，他持有的每一只股票都满足这个高标准。

检查清单：这家公司能否为它的整个生态系统提供双赢机会？

案例学习三：表相之下是什么

我对沃尔玛和好市多等公司的研究，引导我投资了车美仕——二手车市场的沃尔玛或者好市多。自1993年在弗吉尼亚开业第一家店开始，车美仕已经卖出了400多万辆汽车，如今它在全美国有大约一百家店。汽车进货与销售之间的差价很小，且运营极其高效。顾客知道，在他家购物中心里的售价基本上就是最低价格。而且那里还有很多汽车可供选择，从两年前新出的奔驰SUV，到1950年代生产的野马敞篷车，都不乏出现。

车美仕的业务模型还有另一个关键方面：它为客户提供金融支持。在美国，有很大一部分车都是按揭的。如果没有贷款，很多车美仕的客户就买不起它的车。事实上，如果车美仕被贷款市场拒之门外，它的整个业务模型就会崩溃。在2008年，它确实崩溃了。因为在全球金融危机中，车美仕和它的客户得不到信贷支持，其销量直线下降。结果，公司股价也飞流直下。

我再一次领会了摸清一家公司整个价值链的重要性。我没有充分考虑车美仕对信贷市场的依赖，以及在此基础上业务的脆弱。不管怎样，我这笔投资有很大的成功可能。毕竟，我永远预测不了这场信贷危机的严重性。但是，这次经历教给我，辨别一家公司是否过度依赖它控制不了的那一部分价值链，是多么的关键。如果情况如此（经常如此），我需要以较低的交易价格来降低这种高风险。

这次经历之后，我设计了一项检查清单条目，使我能够更深刻地把握公司质量。这项条目或许可以这样描述："公司收益是否依赖信贷市场？"我不会太固执于我在检查清单中所使用的措辞。该条目一种更普通的描述版本是："这家公司在价值链中的地位如何？当价值链的某个部分发生了改变，并且这家公司对这部分价值链没有什么影响力时，会对这家公司产生怎样的影响？"

关键就在于，**我希望投资那些能够掌握自己命运的公司，而不是让不可控外力决定其命运的公司。**

还可以用这种思考方式找到一些伟大的投资机会。这时候的目标，是寻找这样的公司，它的价值链的某个部分受到了重创，拖累了整个公司。如果相信这个问题是暂时的，我就可以以极低的价格买入股票，一旦价值链的问题得到解决，就可以从中获利。

2007年，这种思维方法引导我投资了阿拉斯加乳业，该公司是菲律宾的主要炼乳生产商。这家公司的核心原料奶粉必须是进口的。当全球奶粉价格上涨时，该公司的利润率就会下降，股价也随之下跌。我相信，因为满足中国不断增长的需求，供应量会随之增长，奶粉价格终将回归正常水平。结果，阿拉斯加乳业的利润反弹了。事实验证了我的推测，我的投资在五年内翻了五倍。

检查清单：超出这家公司控制的价值链其他部分，如果发生改变，会对公司产生怎样的影响？例如，它的收益是否危险地依赖于信贷市场，或者某种商品的价格？

案例学习四：我如何失去了平衡

睿衡公司，过去叫作博尔德商标，是一位名叫史蒂芬·休斯的顶级营销人员领导的创新食品公司。它的旗舰产品是一种蔬菜和果油的混合物，与顶级人造黄油竞争，比如谢德公司的"乡村克罗克"和"难以置信这不是奶油"产品。睿衡公司的产品基于布兰迪斯大学食品科学家的一种混合油工艺专利，与竞争对手富含反式脂肪酸的产品相比，他们提供了更加健康的替代品。据说，睿衡公司的产品可以降低消费者体内的"有害"胆固醇含量，提高他们的"有益"胆固醇含量。从1997年上市以后，它轻松超越兰德雷公司，成为人造奶油类的第三大品牌。

作为雀巢公司的长期股东，我已经看到类似"功能性"产品，是食品行业中一个快速成长、利润猛增的新兴领域。我指出，睿衡公司作为一个规模较小、灵活发展的玩家，在接下来五年左右，会在人造奶油以及花生酱、爆米花等相关领域迅速成长。因此，它会被一家更大的竞争者收购。还有一点让我喜欢的是，睿衡公司外包了它的制造和销售部门，所以它纯粹是一个营销和品牌推广公司。而其管理团队非常擅长此道。

休斯在业内声名卓著。他曾因扭转纯果乐果汁的美国业务而名声鹊起，后来又在诗尚草本和丝乐克取得了同样的成功。《财富》杂志一篇报道睿衡公司的文章，开头第一句就是，"史蒂芬·休斯纵横食品行业二十多年后的又一成功。"文章引用休斯本人的话说，"我们的定位是成长为一家十亿美元级别的公司，真正的大品牌。"

那时候，我还没有摒弃会见公司管理人员的做法。休斯来到我的办公室之后，我很快就被他的魅力折服了。不仅是因为他拥有华丽的履历。他还非常聪明，很有魅力——这样的厉害人物，他有足够的理由赢得人们的广泛喜爱和敬佩。他一流的团队已经将产品成功打入沃尔玛，我自己也琢磨那里的购物者会多么喜欢这个品牌。与此同时，我的一位分析师非常喜欢这只股票，强烈向我推荐买入，部分原因是他是在为一个长期投资者工作，而我很少购买新股票，这令他很沮丧。我们当时坚信自己找到了一个赢家，就在2007年买入了睿衡公司。这里只有一个问题。我的出价太高了。

当然，我当时并没有意识到这个问题。该股票价格当时已经从顶峰跌落了30%多。但是它的价格依然是当前盈利和现金流的很多倍。我犯了一个经典错误，用相对标准给它估值。我当时应该问自己一句："从绝对标准来看，它便宜吗？"然而，我向自己保证说，它的价格已经从高位回落，价格相对便宜。我还寄希望于休斯能够实现他宏伟的增长目标，证实这种高估值的合理性。鉴于他——还有我，对公司前景的壮观描述，我觉得睿衡公司真便宜。

随之而来的不是大灾难，但也不是我所期望的大胜利。在金融危机席卷而来时，消费者压缩了他们在睿衡人造奶油等高价格商品上的支出：这时候他们不再担心体内的有害胆固醇，他们只担心他们的财务问题。

而睿衡公司的竞争对手们，由于之前被它的成功所打击，发起了一波价格战，这进一步降低了公司盈利。

在艰难的环境中，休斯和他的团队表现良好。他们认真关注定价问题。看到提供廉价产品的重要性之后，他们也开发了一款名为"最美生活"的低价品牌。在那段艰难岁月里，公司积累了大量自由现金流，并聪明地用它们来进行市场推广、减少债务、回购股份。他们做的每一件事都是正确的，所以无可指责。但是我在持有五年之后，最终在2012年清仓了这只股票，大约损失了30%。

我只能怪自己。我支付的入市价格太高，只有这家公司发挥了全部潜力，它才值这么多钱。我犯下这样的错误，是因为相信这位明星经理或许能实现他所许诺的目标，并基于此进行投资，而不是专心基于该公司在我买入时候的真实价值。如果没有休斯掌舵，食品行业里聪明投资者给睿衡公司的出价，可能只有我支付价格的60%~70%。而我应该出更低的价格。那样的话，我将少遭受很多头疼。我还忽略了一个事实，所有品牌并不是生来平等的：睿衡是一个有很多优势的品牌，但它不是雀巢。

多年以来，我买过很多便宜股票，但是我也时常被自己所震惊，居然肯为自己眼中的高质量公司支付极高的价格。这个缺点是我买入睿衡公司错误的核心。这里的关键一课是，从长期来看，如果我能成功克制这种过度支付的倾向，我省下的金钱数量将是惊人的。而且能挽救我很多脑细胞。毕竟，如果预先支付得太多，我最好就应该了解这家公司的每一个细节，因为实在没有多少安全边际。如果我在它被低估的时候投资，哪怕我做错很多事情，依然能得到很好的回报。

这种自我警觉至关重要，因为只有你知道自己有哪些弱点，才能设计自己的检查清单，进而解决这些弱点。举一个简单的例子，我还曾以过高的价格支付发现金融服务公司的股票，这家信用卡发卡公司在2007年从摩根士丹利拆分出来。回想起来，我发现这家公司吸引我有一个特殊原因，那就是我从理智上很难分析这只股票：它是一家高利润的公司，但是它的业务极其复杂，几乎不可能弄清楚，它的护城河到底是宽是窄。我内心冒出这样的自言自语："其他所有投资者都认为这只股票太贵了。但是他们只是不够聪明，领会不了这笔大生意的微妙之处。我却与众不同，我敢支付高价，是因为我比他们更聪明，能够理解他们看不到的细微玄妙。"

像我这样的人——自以为很聪明，受过良好的教育——特别容易陷入这种自恋般的傲慢。我们在分析类似这样的公司时，很容易沉迷其中，不幸的是，我当时对自己的这些危险倾向不够警觉。所以我在2006年1月以大约26美元每股的价格买入了发现金融服务公司，尽管它分析起来很复杂。但我很快就后悔了。

在信贷危机最严重的时候，该股票价格跌到了不足5美元，我无法肯定这家公司能否生存下去。我不想在过度支付买入之后，再错上加错过早卖出。于是我坚持持有。该股票后来大幅反弹，我最终在2011年11月以24美元左右的价格将其卖出——离我最初买入的价格相差不多。我总是倾向于过度支付，我喜欢挑战困难的分析，在这种不理性激情中感受自己的聪明，如果我能对这双重弱点更加警觉，就可以避免这些痛苦和沮丧。投资睿衡公司和发现金融服务公司的惨痛经历，让我在自己的检查清单上又增加了一些内容。

检查清单：这只股票够便宜吗（不只是从相对标准来看）? 我敢确定，自己是按这家公司目前的价值出价——而不是因为对其未来过度的乐观？这笔投资是否通过满足我的某些个人需求，从心理上满足了我？例如，我坚持买它，是不是因为它让我感觉自己更聪明？

致 谢

有些人非常慷慨，感谢他们的最好方式或许就是文字——不论是写信给他们，还是在故事中叙述他们的善良。从这种意义上来说，本书就是一份长长的感谢，感谢我人生中最伟大的四位导师：我的父亲，西蒙·斯皮尔、沃伦·巴菲特、查理·芒格，以及莫尼什·帕伯莱。对于我来说，你们四位不仅是无尽的智慧源泉，还是教我如何在这个世界立身行事的光辉榜样。

我还想感谢一些人，是他们促成了这本书的出版。

威廉·格林

我开始以为只需要稍加编辑就可以定稿，但你投入了大量的时间精力，根据时间顺序修改了每一章内容。你这种极其敬业、不惜代价的奉献精神，让这本书的文字达到了最佳水平，超过了我所想象的最好预期。

我自己的写作混乱无章，偶尔随机写下的东西就更无法提说。而你，却知道如何漂亮地搭配句子和段落，让它们适宜阅读。你对叙事结构的感觉，塑造了每一章的结构，确保它们都有开始、主体和结尾，这无疑是读者们的福音。

或许更重要的是，你不但用丰富的写作知识影响了这本书，也影响了我，你还能向我提出深刻的问题。推动我完成不成形的思想，帮助我提炼出不知该如何表达的想法。更加感人的是，你总能凭直觉领会我的想法，并将它们形成文字。

这次经历给了我一个难得机会，向一位文字大师学习更多写作知识，它还让我对伟大作家和编辑有了新的理解和尊重。我非常感谢你这几个月以来，在苏黎世、克罗斯特斯、康涅狄格和纽约，对我和本书所付出的心血。

但是这次合作最大的收获，或许应该是与你的友谊。我发现并享受了你的顽皮和幽默（包括在我反复把"the"念成"th"的时候，你那欢快的揶揄），你向我介绍了卡巴拉，向我打开了通向宇宙间普遍智慧的新大门。

还要感谢你的妻子——劳伦，以及你的孩子们——亨利和玛德琳。感谢你们与我分享你们父亲的时间。这对你们来说是暂时的损失，对我和读者来说却是永久的收获。

杰莎·加姆博

没有你，我永远不会开始写这本书，因为我对写作的恐惧太强烈了。第一次在TED大会上见到你，我就看出，你比我更早相信我的故事和这本书可以出版。在我们最初的谈话与访谈中，你都对这本书出版的想法很坚定。你还得到了威廉·卡拉克代理的宝贵注意力。而且，在我因恐惧而动摇的时候，是你出色的提议，给我介绍了帕尔格雷夫·麦克米伦出版社和劳里·哈汀。

甚至在我们开始之后，如果没有你持续而平静的鼓励，我将不知会有多少次思路堵塞。你的存在令我感到平静，我们在清晨的写作交流，给我勇气去面对我的恐惧，提笔写作。但最重要的是，这个项目经历了很多变化曲折，感谢你对我和这本书的友谊和忠诚。

同时感谢你的儿子奥利弗，抱歉在你来访苏黎世的时候，将你们分开。

劳里·哈汀

首先，我觉得自己曾经很怕你！我不明白，究竟为什么你冒这么大风险和我在一起。开门见山说吧，最开始，我的写作水平确实有点糟糕。随着水平逐渐提高，我开始理解我们在创造什么，开始真正理解你的拥护、支持和友谊。现在我已经看到，你是多么娴熟地从我这里打造出了最好的内容。

耶拿·平科特和皮特·郝妮科

感谢你们的友谊和关心，感谢你们种下了本书的第一颗种子。这些种子最初落在了贫瘠的土地上，但它们最终找到了水分，发芽生长。你们始终在这块干旱的土地上，帮助我，鼓励我。没有你们，这本书永远无法成为可能。

同事们

作为蓝宝石基金经理，我只能在工作之余抽时间来写作。感谢基思·史密斯、林达·勃兰特和奥利·辛迪。非常感谢你们帮我挤出时间，帮我构建本书的写作框架。你们用这种以及其他多种方式，使我的生活得以维持正常。

我还要感谢蓝宝石基金之前的同事们：玛利亚·斯克亚、丹·摩尔、詹妮弗·戴维斯、阿曼达·普林格、戴维·凯斯勒、奥丽·埃雅、朱莉·斯科顿斯坦、萨希尔·古杰拉尔、马克·苏卡普、普什卡·白德卡、阿布舍克·拉伊、萨拉·史蒂文森、奥利弗·修斯、蒙·田，以及丽娜·恩都。

制作

在本书的制作过程中，吸引了很多杰出的天才共同参与。除了以上提到的人们以外，还要感谢我出色的经纪人，威廉·卡拉克。我也要感谢米歇尔·菲茨杰拉德、劳伦·罗平托、希瑟·弗洛伦斯，还有帕尔格雷夫·麦克米伦出版社团队的其他成员。没有你们的热心付出，这本书或许只能停留在设想中，然后就被束之高阁。还要感谢马克·弗提尔对我们的推荐介绍，感谢爱德维克多图书馆的查理·坎贝尔，感谢西西莉亚·黄设计了漂亮的图书封面，感谢杰丽莎·卡斯特罗德对这本书稿的精心校对。

出版

感谢黛比·英格兰德、詹尼和简·安·郝博思、马勒斯·汤普森、麦琪·斯塔基，以及其他以不同方式推动本书的出版界朋友。

写作地点

在早期，洛丽（我的妻子）和我意识到，我必须在那些发现自己的地方写作，所以本书是在很多不同地方写成的。埃伯哈德·克贝尔和艾丽丝·谢德乐，我们在苏黎世的办公室真是一个舒适的地方。乔伊斯和雷内，佛罗伦萨别墅酒店也非常舒适，你们把它维护得非常整洁。弗洛尔·索里亚诺，感谢你在苏黎世和克罗斯特斯照顾我和我的家人，并把我们的家营造得如此温馨。还要感谢其他很多地方善良友好的工作人员，包括维阿夸卓诺餐厅、圣安布鲁斯餐厅、斯坦普顿咖啡店、特摩·施舍姆餐馆、知识界咖啡店、利佐丽、拉斯坦泽、纽约社会图书馆、伦敦图书馆、苏黎世中央图书馆、布雷齐诺斯学院、优尼科利尼科·巴尔格瑞斯特工作室、怀德纳图书馆、德勒马格林威治港酒店、帕登皮兹布音酒店、舒特斯医院、瑞樵阁格里舒纳高级酒店、马米拉酒店、科斯塔纳瓦里诺威斯汀度假村、费斯帕克葡萄酒之乡酒店、苏黎世草蜢足球俱乐部、尔湾酒店、巴卡拉度假酒店、纽约网球私人会所、洛杉矶体育学校、菲利普斯俱乐部、皇后俱乐部、燕尾服俱乐部。

老师

在帮助我写作此书时，威廉·格林教给了我一句亨利·詹姆斯的名言：生活是"包罗万象而杂乱的"，但艺术是"精挑细选且挑剔的"。在讲述我作为一名价值投资者的成长故事时，难免会有所取舍——因为我们不可能把每一件事都写进来。这意味着，本书虽然没有详述很多老师，但他们在我的生活中很重要。在此，我想要感谢这些人，在我成长的道路上，他们曾给我指点迷津：

我有幸曾遇到很多出色的老师和教育工作者，包括彼得·辛克莱、弗农·波格丹诺和托尼·克拉基思，他是我的经济和政治课老师；玛丽·斯托克斯、约翰·戴维斯、休·柯林斯、彼得·伯克斯和伯纳德·卢顿是我的法律老师；戴安娜·休斯、查尔斯·斯图尔特和其他伦敦城市福瑞曼学校的老师；理查德·诺兰、迪克·普尔弗、艾儒蔚、克莱顿·克里斯坦森、鲍里斯·葛罗伊斯堡、伦·施莱辛格、简·哈蒙德、戴维·约菲、阿马尔·拜德、比尔·萨尔曼、雷·戈德堡，以及其他在哈佛商学院教过我的教授。

在我的职业生涯中，非常幸运遇到了一些亦师亦友的合作伙伴。约翰·米哈耶维奇，你选择随我搬到苏黎世，我非常感激，我享受你的友谊，还有我们妙趣横生的聊天；肯·叔宾·斯坦，我们之间的很多谈话，都极大深化了我对投资的理解，以及怎样在我们的生活中实施巴菲特—帕伯莱方法；布莱恩·劳伦斯、理查德·伯金、简·巴肯和马丁·卡尔德班克，你们让我看到，在商学院也未必只能得到肤浅的收获；尼克·司丽普和凯伊斯·扎卡里亚，哪怕我已经被证明是一个糟糕的学生，你们也依然不遗余力地悉心教导。我还从其他同事、老师、朋友那里学到了很多东西，他们包括乔纳森·布兰德、西斯科·阿佐里尼、加里·亚历山大、戴维·卡梅伦、克里斯 霍恩、劳埃德·坎纳、吉里什·巴库、艾伦·伯奈利、约什·塔拉索夫、卡莉·坎尼弗、什埃·达达什提、杰弗里·汉姆、比尔·艾克曼、鲍里斯·芝林、汤姆·盖纳、安迪·基尔帕特里克、阿米特巴·辛格、弗朗茨·海恩森、史蒂夫·沃尔曼、爱丽丝·施罗德、埃坦·韦特海默、罗兰多·马塔隆、汤姆·拉索、延斯·海涅曼、维塔利·格兹尼尔森、特里·普洛赫曼、安妮·普洛赫曼、乔安娜·塞缪尔、诺曼·伦特罗普、惠特妮·蒂尔森、瑞秋·高德纳、杰克·斯基恩、布鲁斯·哈莱夫、丹尼尔·艾杰尔特、班吉·施梅尔茨、艾萨克·萨松、阿克沙伊·贾辰、帕斯夸里·莫纳夏、戴安娜·魏斯、格雷格·彼得斯、彼得·贝弗林、米格尔·巴博萨、雅各布·汉娜、梅甘·曼塞塔、杰夫·格兰特、索伦·埃克斯特龙、莫·法泽尔巴布、罗尼·威特金、肯·泰勒、桑杰夫·帕萨德、吉莉安·沃德、迈克尔·桑松、黛比·博桑耐克、萨特亚不拉塔·达姆、内德·哈罗威尔、克劳德·切姆托布、迈克尔·西尔弗曼、雅各布·沃林斯凯、凡尔纳·哈尼什、约诺·鲁宾斯坦、豪尔赫·车博斯克、阿杰伊·德赛、苏珊·特罗斯、娜塔莎·普瑞、玛丽·索兰托，以及亚历克斯·鲁瓦尔卡瓦。

TED大会

感谢布鲁诺·朱萨尼，在爱丁堡TED大会上，我通过他结识了杰西卡·甘布尔，没有他，这本书便不可能问世。我第一次参加TED大会，是五年前在印度的迈索尔。在那次大会上，克里斯·安德森"值得传播的创意"瞬间打动了我，从此我成为这场大会的常客。TED大会对我裨益良多，它让我成为一个更加开放、更加幽默、更加睿智的人。感谢诸多参与TED大会的人，你们启迪了我的生活，包括克里斯·安德森、李·鲁、雨果·舒特曼、琼·科恩、杰森·威斯诺、汤姆·伍杰克、埃里克·布勒宁克迈尔、丽莎·斯特灵格、简·沃尔夫、玛雅·艾哈拉-勒法维、珍妮特·埃切勒曼、凯瑟琳·舒尔茨、阿比盖尔·特纳姆鲍姆、克劳蒂亚·马塞洛尼、罗伯特 古普塔、凯瑟琳·麦卡尼、利奥尔·佐瑞尔、迈克尔·魏茨和亚历克斯·奈特。通过TED大会，我还联系到了我的朋友，苏黎世思维社的罗尔夫·多贝里，这是改变我生活的另一大力量。

合伙人、朋友和论坛伙伴

我很荣幸有一群好朋友和论坛伙伴，他们教给了我无数有关投资、交易和生活的知识。他们包括蒂姆·莫纳汉、杰斯帕·哈特-汉森、约翰·麦科特、艾蒂安·赞克菲尔斯、戴维·艾根、斯特凡·罗森、德鲁·皮佐、莱恩·卡茨、马雷克·利斯、吉姆·托米、托尼·考托、布莱恩·戴维、杰伊·李、雷·卡里莱、马克·斯托克利、维托·科里蒂、阿德里安·洛克、帕洛·斯坦科、马克·奥马利、克里斯琴·韦、菲利普·里费尔、约亨·沃茨、尼古拉斯·普拉克皮塔斯、詹妮弗·沃斯、弗朗西斯科·奈格林、杰瑞米·兰克、麦特·维斯、安得鲁·威克斯、斯宾塞·杨、吉尔斯·博纳特、莎拉·马歇尔、罗伊·恩格尔、弗兰克·里希特、安德烈亚斯·史怀哲、丹尼尔·施瓦兹、格兰特·施雷伯、冯阮、贝拉·齐夫·格斯特、克里斯·德特韦勒、迈克尔·贝尔、马克·平卡斯、毛里斯·奥斯特罗、侯赛因·阿米尼、罗杰·格利克曼、弗朗茨·海恩森、凯特·索斯盖特、约亨·韦穆特、哈罗德·蒂特曼、佩里·布里顿、穆纳·阿布苏莱曼、纳伊夫·穆塔瓦、佐哈儿·门舍斯、帕特里克·凯斯唐贝尔、蒂姆·比尔森、阿图罗·萨帕塔、弗朗索瓦·古茨维勒、理查德·哈里斯、亚瑟·米凯拉、安德斯·韦德、弗莱德·吴伊藤苏、威廉·欧齐、希拉·卡普兰、卡兰·比利莫里安、卢克·本菲尔德、查尔斯·希普思、鲍勃·洛韦里、弗兰克·李希特、丹娜·汉密尔顿、拉斐尔·安德里亚、诺米·迪法西、阿尼尔·库马尔、基恩·布劳恩、伊尔迪兹·布莱克斯通、阿哈尔·贝苏瑞、安迪·本德、戴维·瑞特格、阿明·斯塔克米尔、戴维·索曼、安德鲁·威克斯、希蒙·艾尔卡贝兹、亚当·艾斯曼、亚瑟·费什、查尔斯·多伯、弗朗西斯卡·穆勒-蒂贝里尼、格伦·唐、阿德里安·比尔、什埃·米桑、多米尼克·巴顿、安迪·本德、卢·马利诺夫、马丁·西格、菲尔·霍尔特豪斯、尼克·索尔斯比、伊芙琳 卡恩、肖恩·高尔维、莎拉·莫尼、约翰·施瓦兹、埃亚尔·罗恩、菲利普和赫伯特·奥克特曼、吉姆·霍金斯、穆罕默德·哈比卜、彼得·威尔逊、雪莉·库图、安德鲁·费尔德曼、斯蒂芬妮·高夫、艾伦·哈森菲尔德、索尼·莫迪凯、克里斯蒂安·斯托尔兹、克里斯汀·安那哥诺斯塔拉、丹·萨克斯、杰夫瑞·哈姆、史蒂芬·罗斯曼、郑梦奎、詹姆斯·克莱里克、段永平、艾恩·猚迪格罗恪鲁、杰夫·平特、但丁·阿尔贝蒂尼。一些优秀的组织、论坛和其他策划小纽，对我产生了深刻的影响，它们包括：青年总裁协会和企业家协会的多个分会、国际演讲协会的苏黎世分会和纽约分会，以及波西论坛、阿勒山论坛、福克斯论坛、格栅俱乐部和价值投资俱乐部。

我的大家庭

虽然在很多国家居住过，但我最深厚的根，依然深植于我的大家庭，哪怕他们散布在全世界，从西方的墨西哥、美国，到东方的以色列、澳大利亚，再到中间的伦敦、慕尼黑、苏黎世。萨斯基亚、佩特拉、约什、拉蒙、格洛里亚、朱勒、朱迪、约翰、瓦尔达、里亚姬、阿摩司、伊多、佐哈尔、波阿斯、迈克尔、什埃、哈该、毛利、布里奇特、哈维、乔、克里、胡伯特斯、拉斐尔、罗斯玛丽、克劳斯、彼得、加比、乔治、弗兰克、丽塔、多萝西、赛尔莫、马琳、保罗、埃里卡、安德里亚、拉奎尔，以及我的其他所有兄弟姐妹：你们丰富多彩的不同人生，赋予了我和我的家人幸福。

我的小家庭

我的父亲西蒙，感谢您对我的信任。我的母亲玛丽莲，感谢您的言传身教。我的姐姐，坦雅，在早期，我从你的经验中学到了很多东西。这使我的生活无比轻松，也让我面对的挑战更加可控。

我的孩子们：莎拉、艾萨克、伊娃。成为一个父亲的过程，本身就是一种教育。我一直感慨你们竟然已经知道这么多知识，已经能够教给我这么多知识。看着你们的知识一天天积累，对不同事物的喜爱一天天增加——从希腊神话到星球大战，从哈利·波特到贝贝熊——你们的体育和音乐天赋也飞速发展。看到你们毫不费力地在西班牙语、英语、德语、法语还有希伯来语之间切换，简直像是一种奇迹。但你们也以更深刻的方式教育我：从你们身上，我学到了更多同情心、玩心、不屈不挠等优秀品质，比我从很多成年人身上学到的都多。谢谢你们成为我的终极老师。

最后，感谢我的妻子洛丽，我发自肺腑地感谢你，感谢你给了我所有的时间、爱和情感上的支持，使我能够写完这本书，也感谢你对我的包容，包容我的情绪、我的胡思乱想。在此对你致以最诚挚的感谢和爱意。

盖伊·斯皮尔
苏黎世，2014

THE
EDUCATION
OF A
VALUE INVESTOR
Bibliography and
Guide to
Further Reading

参考书目及进一步阅读指南

以下列出的书籍都对我起到了巨大的教育启发作用，不仅令我成为一名价值投资者，更让我成为一个追求幸福与成就、追求更深刻理解这个世界运转方式的人。我现在的目标只是想要和你分享一些好书，它们影响了我，也丰富了我的人生。毫无疑问，这是一个古怪的书单，其中既有创意的投资工作，也有有关复杂性科学、心理学和游戏的深奥研究。这并不是一份覆盖所有学科的综合书单。但是我希望你能从中找到几本有用的书，给你启迪，终身受益。

投资

《聪明的投资者》，本杰明·格雷厄姆这本书是我最早读的价值投资书籍。另外四本值得反复阅读的此类书籍是：塞思·卡拉曼的《安全边际》，乔尔·格林布拉特的《股市天才：发现股市利润的秘密隐藏之地》，马丁·惠特曼、马丁·舒比格和基恩·伊森伯格合著的《激进的保守投资家》，以及约翰·米哈耶维奇的《发现黑马》。在我发现价值投资之前，曾经沉迷于另外两本经典的投资著作：埃德温·勒菲弗的《股票作手回忆录》和乔治·索罗斯的《金融炼金术》。

英雄、导师和榜样

洛温斯坦写的《巴菲特传》，是第一本让我留心使用，帮助我"模仿"沃伦·巴菲特的书。其他有关巴菲特的精华著作还包括艾丽斯·施罗德的《滚雪球：巴菲特和他的财富人生》，和他的朋友、《财富》杂志著名作家卡罗尔·鲁米斯所写的《跳着踢踏舞去上班：巴菲特1965—2013全传》。另外一本可以洞察大师思维的书是《穷查理宝典：查理·芒格的智慧箴言录》，其中凝结了作者对人类误判原因的高明分析。

心灵读物

最好的"论坛"指南，就是《论坛：专业领导人的秘密武器》。这个书名说明了一切。但是我还是要极力推荐，你应该去加入一个类似的创意组，发掘其中的强大力量。一些最好的论坛是由企业家协会和青年总裁协会举办的，它们调用了大量资源，努力帮助会员获得积极的论坛体验。国际演讲会和它们的运营方式略有不同，但是也很出色（它更加讲究人人平等，收费也便宜得多）。匿名戒酒互助社也出版了一本很棒的书《12个步骤和12个传统》，不过我没有参加这个组织。尽管这本书的初衷是帮人戒酒，但是其中的课程适用于每一个人。

励志自助

每当想到励志自助类书籍，重理智的人们可能都会皱起眉头，但是我却从这类书中找到了很多有用的智慧。对于我来说，焦点偶像就是安东尼·罗宾斯。他的《唤醒心中的巨人》一书介绍了他的观点，也给他创造了很多纪录。但是若想要体验他所讲授的智慧的全部好处，我建议不妨去听听他的讲座。

心理学

在通向自己内心的旅途中，我们谁手里也没有好地图。但是有路标。我在阅读爱玛·荣格和玛丽路易斯·冯·弗朗茨合著的《圣杯传说》时，第一次发现了这片富饶的领域，随后我又读了罗伯特·约翰森的《渔王和笨少女：理解男女有别的受伤心理》。在我练习荣格疗法的七年时间里，我发现爱华德·惠特蒙特的《象征性探索：分析心理学的基本概念》是一本非常有用的书。我第一次深入感受情绪的力量，是在阅读戴安娜·弗莎的《情绪的转变力量：一个加速改变的模型》的时候，然后，这本书又引导我阅读了阿兰·斯科尔、安东尼奥·达马西奥、约瑟夫·勒杜以及其他一些人的著作，其中有些书被我列在了下边。

我的书房一瞥

以下是一个简要书单，里边的图书，都因为很多原因让我感到有趣且有益。它们和你成为投资者的教育有关系吗？有的有关系，有的关系不大。但是我发现，阅读所有这些书都会给你带来丰厚回报。它们当中洋溢的智慧，不仅是选股策略，而是涉及到方方面面，从蚂蚁到无政府主义，从财经到爱情，等等。不论对于谁来说，它们当中总有一些值得一读。

商业

《三双鞋：美捷步总裁谢家华自述》，谢家华

《哈佛最受欢迎的营销课》，扬米·穆恩

《谈判力》，罗杰·费希尔，威廉·尤里，布鲁斯·巴顿

《沃顿商学院最受欢迎的成功课》，亚当·格兰特

《我是这样从销售失败走向销售成功的》，弗兰克·贝特格

《爱是杀手锏：如何赢得生意并影响朋友》，蒂姆·桑德斯

《掌握洛克菲勒的习惯：提升公司价值的必由之路》，韦尔恩·哈尼什

《松下领导力：来自20世纪最杰出企业的教训》，约翰·科特

《一个广告人的自白》，大卫·奥格威

《大检修：奥巴马政府紧急援助汽车业内幕披露》，史蒂芬·拉特勒

《富甲美国：零售大王沃尔顿自传》，萨姆·沃尔顿，约翰·休伊

《集装箱改变世界》，马克·莱文森

《巴菲特致股东的信：股份公司教程》，沃伦·巴菲特，劳伦斯·坎宁安

《做一个积极的付出者》，鲍勃·伯格，约翰·戴维·曼

《光环效应：何以追求卓越，基业如何长青》，菲尔·罗森茨维格

《一分钟经理人》，肯尼斯·布兰佳，斯宾塞·约翰逊

《新商业的起源与演化》，阿玛尔·毕海德

《精力管理》，吉姆·洛尔，托尼·施瓦茨

《习惯的力量》，查尔斯·杜希格

《创业游戏：探秘风险投资商和创业者的合伙关系》，威廉·德雷帕

《一万小时天才理论》，丹尼尔·科伊尔

《鲸鱼哲学：积极人际关系的力量》，肯·布兰佳，萨德·拉辛纳克，查克·汤普金斯，吉姆·巴拉德

《谁动了我的奶酪》，斯宾塞·约翰逊

《全球顶级CEO的搭档传奇》，迈克尔·艾斯纳，亚伦·科恩

经济学

《现代国际经济》，希拉·赫弗兰，彼得·辛克莱

《怪诞行为学》，丹·艾瑞里

《经济，一个不断演化的复杂系统》，菲利普·安德森，肯尼斯·阿罗，戴维·派因斯

《理性乐天派：一部人类经济进步史》，马特·里德利

游戏

《国际象棋500棋谱》，S. 塔塔柯沃，J. 杜蒙特

《游戏的人：文化的游戏要素研究》，约翰·赫伊津哈

《游戏改变世界：游戏化如何让现实变得更美好》，简·麦戈尼格尔

《初级者的象棋致胜战术》，卢海斯

《明智的选择：决策、游戏与谈判》，理查德·济克豪泽，拉尔夫·基尼，詹姆斯·塞巴尼斯

投资

《狮子王国里的斑马》，拉夫尔·华格纳，埃弗里特·马特林

《积极的价值投资：波动市场赚钱指南》，维塔利·卡茨尼尔森

《战胜华尔街》，彼得·林奇

《怎样选择成长股》，菲利普　费舍

《随机漫步的傻瓜》，纳西姆·尼古拉斯·塔勒布

《空头之王》，大卫·艾因霍恩，乔尔·格林布拉特

《财富公式：玩转拉斯维加斯和华尔街的故事》，威廉·庞德斯通

《股票投资的大智慧》，罗伯特·哈格斯特朗

《旅行，人生最有价值的投资》，吉姆·罗杰斯

《抵押贷款崩溃：6个在糟糕时代赚钱的方法》，惠特尼·蒂尔森，格伦·唐

《魔鬼投资学》，迈克尔·莫布森

《投资圣经：巴菲特的真实故事》，安德鲁·基尔帕特里克

《证券分析》，本杰明·格雷厄姆，戴维·多德

《探索智慧：从达尔文到芒格》，皮特·贝弗林

《股市小故事：从下跌股票背后的共同特点中发掘非凡创意》，阿米特·库玛

《憨夺型投资者》，莫尼什·帕伯莱

《发现黑马》，约翰·米哈耶维奇

《市场的劣行：从分形的角度看金融动荡》，本华·曼德博，理查德·哈德森

《投资最重要的事》，霍华德·马克思

《巴菲特之道》，罗伯特·哈格斯特朗

《价值投资：从格雷厄姆到巴菲特及其他》，布鲁斯·格林沃尔德，贾德·康，保罗·桑金，迈克尔·梵·拜玛

《客户的游艇在哪里》），弗雷德·施韦德

《你的金钱和你的大脑：新学科神经经济学如何帮你致富》，杰森·茨威格

文学

《百年孤独》，加夫列尔·加西亚·马尔克斯

《哈姆雷特》，莎士比亚

《海鸥乔纳森》，理查德·贝奇

《雾都孤儿》，查尔斯·狄更斯

《禅与摩托车维修艺术》，罗伯特·波西格

综合

《我体验真理的故事：甘地自传》，圣雄甘地

《城市警察》，乔纳森·鲁宾斯坦

《忍耐：沙克尔顿的惊人旅程》，艾尔弗雷德·兰辛

《漫漫自由路：曼德拉自传》，纳尔逊·曼德拉

《我们赖以生存的隐喻》，乔治·莱考夫，马克·约翰逊

《里根：书信中的人生》，罗纳德·里根

《富兰克林自传》，本杰明·富兰克林

《清单革命：如何持续、正确、安全地把事情做好》，阿图·葛文德

《千面英雄》，约瑟夫·坎贝尔

《神话的力量》，约瑟夫·坎贝尔，比尔·莫耶斯

《英国新宪法》，韦农·波格丹诺

《1914和解：一位深入以色列的法兰克福人》，塞尔玛·斯皮尔

《为什么美国不是新罗马帝国》，瓦茨拉夫·斯米尔

《瓦尔登湖》，亨利·戴维·梭罗

哲学与神学

《正义论》，约翰·罗尔斯

《无政府、国家和乌托邦》，罗伯特·诺齐克

《目标律法：每周法律阅读反思》，艾萨克·萨松

《律法人》，约瑟夫·索洛韦伊奇克

《活出生命的意义》，维克多·弗兰克尔

《沉思录》，马可·奥勒留

《犹太伦理现代评论》，伦纳德·克拉维茨，克里·奥利茨基

《柏拉图灵丹：将永远的智慧应用于日常问题》，娄·马里诺夫

《道德经》，老子

《孙子兵法》，孙子

《哲学的慰藉》，阿兰·德波顿

《摩诃婆罗多》

《耶稣基督的权力策略及其他论文》，杰伊·哈雷

《塔木德经》

心理学

《情感失调和自我的混乱》，阿兰·斯科尔

《情绪调节和自我修复》，阿兰，斯科尔

《依附与失去》，约翰·鲍比

《深度生存：谁活下来了，谁死了，为什么：神奇耐力和突然死亡的真实故事》，劳伦斯·冈萨雷斯

《笛卡尔的错误：情绪、推理和人脑》，安东尼奥·达马西奥

《EMDR：眼动疗法治愈焦虑、紧张和心理创伤新突破》，弗朗辛·夏皮罗

《分心不是我的错》，爱德华·哈洛韦尔，约翰·瑞提

《半秒直觉》，捷尔德·盖格瑞泽

《当下的幸福：我们并非不快乐》，米哈里·契克森米哈赖

《影响力》，罗伯特·西奥迪尼

《爱、医学与奇迹：来自一名资深外科医生的自我治愈课》，伯尼·西格尔

《意念力：激发你的潜在力量》，戴维 · 霍金斯

《简捷启发式》，哥德 · 吉戈伦尔，彼得 · 托德

《心理考古：人类情感的神经进化起源》，夏克 · 潘克塞浦，露西

《权力48法则》，罗伯特 · 格林

《清醒思考的艺术》，罗尔夫 · 多贝里

《发展中的思维：人际关系和大脑的奥秘》，丹尼尔 · 西格尔

《对事件的感觉：产生意识时的身体和情感》，安东尼奥 · 达马西奥

《心理疗法中的神经科学：治愈社交大脑》，路易斯 · 柯佐林诺

《没有意外：同步性和我们生活的故事》，罗伯特 · 霍普克

《思考，快与慢》，丹尼尔 · 卡尼曼

《意志力：关于专注、自控与效率的心理学》，罗伊 · 鲍迈斯特，约翰 · 蒂尔尼

《唤醒猛虎：治愈创伤》，皮特 · 李维，安 · 弗雷德里克

科学

《宇宙为家》，斯图亚特 · 考夫曼；詹姆斯 · 富勒

《大连接：社会网络是如何形成的以及对人类现实行为的影响》，尼古拉斯 · 克里斯塔基斯

《涌现：蚂蚁、大脑、城市和软件的连接》，史蒂文 · 约翰逊

《大自然是如何工作的：科学的自组织临界性》，珀 · 巴克

《蚂蚁的故事》，伯特 · 霍德伯勒，爱德华 · 威尔森

《链接：商业、科学与生活的新思维》，艾伯特-拉斯洛 · 巴拉巴西

《脑中的幽灵：探索人类思维的奥秘》，V. S. 拉马钱德兰，桑德拉 · 布拉克斯莉

《生命的符号：生物学中的复杂性》，理查德 · 索雷，布赖恩 · 古德温

《突触：我们的大脑如何塑造我们》，约瑟夫 · 勒杜克思

励志自助

《致加西亚的一封信》，阿尔伯特 · 哈伯德

《简单的感谢之举：学会说谢谢改变了我的人生》，约翰·克拉利克

《钻石就在你家后院》，拉塞尔·康韦尔

《做你想做的人》，詹姆斯·艾伦

《活出感性：直面脆弱，拥抱不完美的自己》，布琳·布朗

《专注力》，尤金·简德林

《得到你想要的爱情：夫妇指南》，哈维尔·亨德里克斯

《尽管去做：无压工作的艺术》，戴维·艾伦

《人性的弱点》，戴尔·卡内基

《你要如何衡量你的人生》，克莱顿·克里斯坦森，詹姆斯·奥沃斯，凯伦·迪伦

《留住你找到的爱人》，哈维尔·亨德里克斯

《面包里的幸福人生》，吕齐乌斯·安涅·塞涅卡

《展示你的命运：实现你所有理想的精神九原则》，韦恩·戴尔

《来自著名成功人士的建议》，耶拿·平科特

《脆弱的力量》，布琳·布朗

《谢谢！感恩令我们更快乐》，罗伯特·A. 埃蒙斯

《老手：一个教你如何成功的故事》，皮特·凯恩

《一生的成长法则》，丹·沙利文，凯瑟琳·野村

《积极思考的力量》，诺曼·文森特·皮尔

《少有人走的路：心智成熟的旅程》，M. 斯科特·派克

《思考致富》，拿破仑·希尔

《节俭与慷慨：给予的快乐》，约翰·邓普顿